# ¿MATRIMONIO O DIVORCIO?

# ¿MATRIMONIO O DIVORCIO?

## 7 Pasos Para Saber
## Si Te Quedas O Te Vas

**DIANA SALGADO**

**Editorial Misión** publica libros simples y útiles para emprendedores, coaches, conferencistas, profesionistas, etc., con la intención de impulsarlos a transformar vidas con su mensaje. Nuestros libros son fáciles de crear y rápidos de leer, diseñados para solucionar un problema en específico. Editorial Misión ofrece un proceso sencillo para permitir que los emprendedores y dueños de negocios se beneficien de la autoridad que proviene de tener un libro, sin la molestia y el compromiso del tiempo normalmente asociado con definir, estructurar, escribir, corregir, editar, diseñar, publicar y promover su obra.

¿Tiene usted la idea de escribir un libro que transforme vidas? Visite:

www.EditorialMision.com para más detalles.

*A mis padres, Iván Salgado y Ofelia Burgos.*
*A mi esposo, William Porrata-Doria.*
*A mis hijos, Cristhian, Ayleen y Kaytlen, que son mi*
*motor y mi inspiración.*
*A mis hermanos, Iván, Martha, Diego y Alexander.*
*A mi tía Jakeline.*
*A mis sobrinos, Juan Esteban, Diana Carolina,*
*Jhonathan, Mayra, Diego, Katrine, Jerónimo, Silvana y*
*Sebastián Gómez.*

# ÍNDICE

# Agradecimientos

El primer agradecimiento va para mi padre celestial, ¡el único al que nadie puede igualar!

## Nadie te puede igualar

*Amado padre celestial, te siento tan cerca*
*que hasta empiezo a temblar*
*Siento tu presencia tan solo al respirar*
*y te haces presente*
*hasta en el más mínimo pensamiento de mi mente*
*y sé que me escuchas orar,*
*pues ante ti desnudo mi alma,*
*descargo mi peso porque sé que mis lágrimas*
*también te han de alcanzar,*
*cuando orando te pido que me uses como vaso de utilidad,*
*pues confiada estoy que, en el propósito que me diste,*
*también me has de ayudar,*

*nunca me has dejado sola y cuando más lejos te siento es*
*que más cerquita de mí tú estás*
*porque veo tu mano ponerse en todo lo que quiero alcanzar,*
*y en tu infinita misericordia de mí tienes piedad*
*cuidando de mí y de mis hijos siempre estás,*
*para ti la honra y la gloria de mi corazón siempre saldrán*
*porque tú eres el único al que nadie puede igualar.*

*—Diana Salgado*

Agradezco infinitamente a mi padre Dios por haberme dado la vida, por haberme puesto en la familia que me puso, por los padres que me dio y por mis hermanos.

A la mujer que me trajo al mundo y que amo inmensamente y que llevó por nombre Ofelia Burgos.

¡Te amo, madre mía!

A mi padre Iván Salgado que fue un hombre positivo ante las adversidades de la vida y a pesar de las circunstancias nunca lo vi derrotado. ¡TE AMO INFINITAMENTE!

Agradezco infinitamente a mi amado esposo William Porrata-Doria Por ser mi compañero de vida, mi amigo, por ser luz en mi camino, por el amor incondicional que me das todos los días.

A mi hijo Cristhian por ser mi amigo y mi compañero de vida. Gracias, hijo, porque has sido mi inspiración y motor. Eres piedra preciosa de mi corona.

Agradezco a mi hija Ayleen por darme la alegría de tenerla entre mis brazos, mi princesa que ahora es una mujercita educada y valiente, y por ser mi amiga y confidente.

Agradezco a mi niña Kaytlen que es mi motor y mi alegría, gracias porque con tu gran corazón me enseñas todos los días. Agradezco a mis tres hermanos Iván, Diego, Alexander y a mi única y amada hermana Martha, y a mi tía Jakeline que más que una tía es otra hermana para mí.

Iván, te admiro porque siempre has sido un buen ejemplo para nosotros, tus hermanos, por estar ahí siempre para mí, por tu apoyo incondicional, por tu humildad y por tu gran corazón.

Martha, gracias por ser mi amiga y confidente.

Diego, gracias por haberme apoyado cuando más lo necesitaba, por ser parte de mi vida y por el ser maravilloso que eres. Te amo.

Alexander, gracias por ser mi hermanito menor, siempre

serás "Alito", gracias por ser mi amigo, por tu alegría y por el apoyo incondicional.

Jakeline, gracias, hermana de mi corazón, porque siempre has estado presente en mis más grandes tormentas.

Agradezco a mi sobrina Carolina que en parte es responsable de la realización de este libro y de muchos de mis logros académicos. Has sido la maestra más paciente y amorosa que he tenido. Eternamente agradecida de tenerte en mi vida. Te amo.

## Exceso de confianza

*Un día se comenzó a escribir una historia*
*de cuento de hadas*
*donde había una princesa muy deseada,*
*que encontró un príncipe azul que la esperaba.*
*El cuento comenzó con una pareja que se amaban*
*y donde vivirían felices por siempre*
*como en los cuentos de hadas.*
*Los años fueron pasando y llegaron los hijos*
*de los que tanto se amaban,*
*pero también llegó el exceso de confianza*
*y de aquella pareja hoy no queda nada.*
*Se perdieron los detalles, la confianza y el respeto de la*
*pareja que tanto se amaban*
*y hoy, cada uno por separado*
*se encuentra buscando un príncipe o una princesa*
*para escribir otra historia esperando*
*que esta sí sea de hadas.*

*—Diana Salgado*

# Prólogo

Tuve el gusto de leer este libro escrito por Diana, el cual me permite recordar la primera vez que la vi haciendo preguntas en un taller, evidenciando su habilidad intelectual y emocional para conectar con la experiencia en la temática que revisábamos.

Recuerdo cuando se acercó a mí para expresar su interés en continuar estudiando y su deseo de extender su trabajo a diferentes pacientes, buscando ayudar a las personas. A lo largo de su trayectoria en el estudio de la Psicoterapia, demostró un gran compromiso tanto en su desempeño teórico como personal, culminando el entrenamiento con excelentes calificaciones.

En otro encuentro académico, me sorprendió gratamente volver a recibir a Diana, esta vez en la especialidad de terapia de pareja. Me complació observar su disposición para examinar sus propias experiencias y estudiar en profundidad la teoría de nuestro modelo Gestáltico. Diana siempre se ha destacado por ser una mujer dedicada, estudiosa, y con un enorme potencial e ideas para compartir. Ha sabido llevar su historia de éxito a otro nivel, convirtiendo su profesión en un arte.

A lo largo de este texto, el lector descubrirá que cada pasaje se narra con una elocuencia que entrelaza la teoría con la práctica. La presentación de su vida personal sirve como puente entre estos dos ámbitos, lo teórico y lo existencial, presentados de manera accesible para quien desee profundizar en el tema de la pareja, el matrimonio y sus desafíos.

Estoy convencido de que quien tenga el placer de leer este libro podrá sentirse identificado gracias a la habilidad innata con la que Diana relata las historias que nos comparte, haciéndolas familiares para el lector. Este último descubrirá que existen profesionales capaces de ayudar a navegar estos procesos, guiarlos, y encontrar mejores respuestas para su vida emocional.

Ojalá tuviera más alumnos como ella.

GERARDO MAC NAIR
*Maestro en Psicoterapia Gestalt*
*Director General en Conciencia Gestalt, Morelia*
concienciagestalt@gmail.com

# Introducción

Soy colombiana. Nací y me crie en una zona rural de mucha pobreza y mínimas oportunidades. Pero siempre tuve en mente superarme, salir adelante y ser feliz. A los diecisiete años fui mamá por primera vez, así que, aunque me sentí muy bendecida, no la tuve fácil.

Tengo una conexión muy especial con las mujeres, ya que, yo misma he estado en este proceso y he vivido en carne propia todo lo que conlleva una separación o un divorcio y, en especial, todo lo que nuestra alma calla antes, durante y después de este recorrido que no solo puede llegar a ser muy largo, sino también muy doloroso.

He tenido la oportunidad de acompañar a muchas personas que han atravesado por el proceso de divorcio y me siento totalmente identificada con ellas, no solo como especialista en terapia de pareja, sino también como hermana y amiga. Por eso, me siento muy conectada con el contenido de este libro.

Mi divorcio ha sido el proceso más desgarrador y duro al que me he enfrentado, incluso, más que la muerte de mis padres.

Cuando conocí a mi esposo, no solo me enamoré perdidamente, sino que me llenó de ilusión al ofrecerme una serie de oportunidades, empezando por vivir en Estados Unidos. Mi hijo ya tenía siete años y pensé que la vida para él sería mucho mejor allá. Me dejé deslumbrar, igual que un niño con hambre frente a un plato de comida.

Los primeros cuatro años fueron hermosos. Mi ex estudió una carrera universitaria que pudo compaginar con su empleo. Me metí a estudiar Cosmetología y empecé a trabajar, pensando siempre en no descuidar la casa. Económicamente, nuestra vida mejoró bastante.

Y de regreso del primer viaje a Colombia, que hice para que mis papás conocieran a nuestra hija, me enteré de que él ya tenía una novia formal, tan formal que ya había pedido permiso a sus padres para 'la relación'. Para mí fue desgarrador, casi me vuelvo loca.

Pero lo superamos, eso pensé. Fue la primera vez que lo perdoné, que volví a creer en sus promesas. A partir de ese incidente, nuestra vida giró en círculos. Yo sospechaba, lo perseguía, lo sorprendía, lo perdonaba y le creía, una y otra vez.

Quizá para entender las razones de su constante infidelidad o quizá por culpar a las otras mujeres, a veces me obsesionaba por los detalles: cuándo, cómo, dónde. Otras veces, me culpaba buscando en mí por qué él actuaba de esa forma, y me condenaba a mí misma por sus comportamientos, quizás para disculparlo o para encontrar una razón para perdonarlo. Y en el intento, solo lograba torturarme cada vez más y bajar mi autoestima.

Por un lado, yo lo quería platicar, gritarlo a los cuatro vientos, para que todos supieran lo infeliz que me hacía. Por otro lado, no quería que nadie se enterara, porque me verían como la tonta que seguía casada con él.

Mi vida era un verdadero torbellino de emociones, de inseguridades, de reproches y de miedos. Y a pesar de todo, yo quería seguir creyéndole y no me sentía lista para dejarlo. En esa etapa tuvimos otra hermosa niña. Me sentía cada día más atrapada.

Su descaro fue creciendo, al grado que una de esas mujeres fue a tocar a la puerta de mi casa, donde también estaban los niños, complicando aún más la situación. La confianza se me escapaba, retenerla fue imposible. Cuando lo cuestionaba: ¿es así como lo quieres solucionar?, él respondió con descaro y como único argumento ante mis reclamos: "Ya te pedí perdón y tú no quieres".

Me di cuenta de que, en nombre del amor, en nombre de la familia y en nombre de los hijos, las mujeres llegamos a aguantar muchísimas humillaciones y ofensas. El dolor era inmenso y yo veía cómo cada vez me hacía más pequeña y él se alejaba más de mí, creciendo la estatura de su menosprecio hacia mí y hacia nuestro matrimonio.

Poco a poco, perdí la fe en él. Un día, ni recuerdo qué número de infidelidad fue, me puse a hacer cuentas y, aunque con aprietos, me alcanzaba para pagar la renta. Me armé de valor y le pedí que se fuera. Y sin hacerse mucho del rogar, salió a formar otra familia.

Creí que al irse él, mi situación iba a mejorar. No fue así. Estaba dolida, insegura, miedosa y apenas me alcanzaba para el gasto. Mi ansiedad, mezclada con culpas por dejar sin figura paterna a mis hijos, creció a grados alarmantes. Era como si alguien más ocupara mi cuerpo, como si ese alguien viviera mi triste día a día, como si yo estuviera ausente.

Durante muchos meses apenas me daba cuenta de lo que pasaba en casa. Yo no estaba nada bien.

Cada quince días, los fines de semana, las niñas visitaban a su papá y las comparaciones del estilo de vida fueron inevitables. "Mamá, ¿somos pobres?", me preguntó un día la más pequeña, de cinco años. "¿Por qué preguntas eso?". "Es que dice la esposa de papá que a mí me regalan la comida en la escuela porque como tú cortas el pelo, no te alcanza para darnos bien de comer". Otro día, les pedí que se bañaran antes de ir con su papá. "No, mamá, yo me baño allá, en la tina, vieras qué bonito es el baño y además es muy grande".

No ser capaz de ofrecerles esas comodidades, me dolía. Del viernes por la tarde al domingo, yo lloraba sin parar. Quería volverme loca, me arrastraba en el piso. De rodillas, yo le pedía a Dios que me quitara ese dolor inmenso, horrible; me dolía la piel, desde la cabeza hasta la punta de los pies.

No dormía, no comía y pesaba cien libras, que equivalen a cuarenta y cinco kilos. Una tarde, mi niña chica, de tan solo dos años, me despertó con una cuchara en la mano diciendo: "ma, chopa, chopa…". No sé cómo bajó y subió las escaleras con esa cuchara. Cuando me di cuenta de que me pedía sopa, supe que, en mi depresión, hasta alimentar a mis hijos había dejado de ser prioridad. ¿Cómo era posible que yo abandonara todo para tirarme a llorar por un hombre al que yo no le importaba?

Con el alma en el piso, logré levantarme y dar de comer a mis hijos. El esfuerzo me agotó, al grado de sentir que no respiraba, que el corazón latía demasiado rápido, escuchando cada palpitar reventando en mis oídos, con un cosquilleo recorriendo mi cara, cuello y pecho, y sintiéndome tan mal que creí que se trataba de un infarto. ¿Y si llamo a una ambulancia?, me preguntaba, y de inmediato pensaba que la sirena despertaría a mis hijos.

En el baño, el espejo me devolvió una terrible imagen mía, con las manos y uñas azules. Me asusté todavía más. Caminé hasta un balcón para recibir aire fresco. Era medianoche y al mirar la oscuridad pedí al cielo: "Señor, si ya ha llegado mi momento, llévame, gracias por todo, pero yo ya no quiero vivir. Sé que a mis hijas no les va a faltar nada con su papá".

Regresé a mi cama y me senté, acomodándome con sumo cuidado. Permanecí quieta, esperando lo inevitable, y lo peor es que me sentía cómoda con ese pensamiento oscuro. No tengo idea de cuánto tiempo pasé en esa posición, sintiendo que en cualquier momento dejaría de existir. Luego, casi sin darme cuenta, empecé a respirar con normalidad, pero la angustia aún me abrazaba, la desolación no me soltaba.

Eran cerca de las tres de la madrugada cuando decidí llamar a mi vecina de enfrente, la señora Blanca Sesma, una mujer profundamente religiosa, a quien estaré eternamente agradecida por ser un ángel en mi camino. Sin dudarlo, respondió a mi llamado. Mientras bajaba las escaleras, ella ya estaba en mi puerta. Con manos amorosas, preparó una taza de té y ungió mi pecho y espalda con aceite mientras hacía una oración por mí. Mis lágrimas fluían sin control.

Con una paciencia infinita, ella ungio mi pecho con aceite, y poco a poco, mis lágrimas empezaron a ceder. Se quedó a mi lado y, con gran destreza, ayudó a preparar el desayuno, todo ello para que mis hijos no se dieran cuenta de mi estado. No sé qué habría sido de aquella noche sin la presencia reconfortante de mi vecina.

Lo que viví entonces me permite entender que, para muchas mujeres, el socorro se presenta en forma de pensamientos oscuros, de deseos de escapar del sufrimiento. Intentaba rezar, recordando las oraciones que mi madre me enseñó en mi infancia, pero el consuelo no era suficiente para ahuyentar la sombra que me susurraba que abandonara la vida.

Otro día, me subí al coche repitiendo sin cesar y entre moqueos el nombre de mi ex, seguido de un "te perdono y te amo". De pronto, escuché la sirena de una patrulla y me orillé. En vez de pedirme los papeles, al verme tan derrumbada, el policía me preguntó si estaba bien. Al contestarle que no y entre llantos añadí "estoy muy triste", quiso saber a dónde iba. "No sé", respondí. Y era la verdad, yo no sabía ni dónde estaba ni qué hacía por ahí y mucho menos, a dónde me dirigía.

Le pedí entonces que me diera el ticket o multa, para seguir con mi aventura de lamentos. "No, señora, al contrario, me da pendiente que maneje en este estado", respondió, ofreciéndose a seguirme hasta mi casa. Y así lo hizo. Al llegar, se volvió a acercar a mi ventanilla. "¿Por qué no baja?", me dijo con extrañeza. "Porque no quiero estar en mi casa", confesé.

"Entonces, prométame que no va a manejar, por favor", me pidió, "yo voy a quedarme por el rumbo, llámeme si necesita algo", dijo al darme su tarjeta con su teléfono. Hoy quisiera encontrarlo de nuevo para agradecerle su preocupación y cuidado.

De ese tipo de situaciones me pasaron muchas, tantas, que te deprimiría al contarlas, porque el objetivo de este libro es justamente lo opuesto: ayudarte a salir adelante.

Durante esa tormenta emocional, mami enfermó y me fui a Colombia a cuidarla hasta que falleció. A mi regreso, no encontraba trabajo. Revisé mi cuenta y con lo poco que había, cinco mil dólares para ser exacta, me animé a abrir mi propio salón de belleza, un espacio muy pequeño en una zona no muy agradable de San Diego, California. Yo misma lo pinté y arreglé casi todo.

Así comenzó mi vida de empresaria. Al principio, llegaba muy poca clientela y me la pasaba sentada. Una tarde me quedé fijamente mirando la silla donde pacientemente pasaba horas sentada día tras día esperando los clientes. Con voz audible le dije al Señor que me mostrara el camino para dejar de sentirme poca cosa, para alejar las humillaciones, para mejorar mi economía y, sobre todo, para no hacerme vieja sentada en esa silla esperando. Fue así como mi padre Dios, me mostró un inusual rumbo a seguir.

Un día, mi niña mayor, de dieciséis años, de la nada, se puso mal. Sin entender qué le pasaba, la llevé a urgencias. Era un ataque de ansiedad. Dejó de comer, y lloraba día y noche. No imaginaba de dónde venía ese sufrimiento y la respuesta por poco me destruye al comprender mi responsabilidad en su crisis: mis tormentas la estaban salpicando. Supe entonces que era el momento de luchar por las dos.

Una de mis clientas, Rita Andrade, otro ángel que Dios puso en mi vida, me sugirió llevarla a un instituto de desarrollo humano, a un curso de tres días en Tijuana, Baja California, México. Decidí acompañarla, y a pesar de que no me sobraba el dinero, pagué los dos lugares. Mi hija no quiso regresar el segundo día, pero yo decidí desquitar el pago doble y asistir.

Me enamoré del programa. Mi vida nueva comenzó en ese curso básico. Seguí entonces estudiando y cursé los otros niveles con entrenadores y coaches maravillosos. Quise saber más de la vida, de cómo superar el dolor, de la felicidad y del amor. Quise dejar atrás ese vacío, ese sufrimiento que llevaba por dentro, esa sensación de derrota. Aprendí tanto, tanto…

Me propuse convertirme en una de esas personas que me ayudaron, para también ayudar a otras. Me acerqué a la directora Helena Lizola, a quien admiro y respeto muchísimo, y le pedí que me diera la oportunidad de transformar a otros; ella me dijo: "Para ayudar a otros necesitas transformarte primero tú". Gracias, mi querida maestra, por tus sabias palabras.

Tres años dediqué al estudio de la Psicoterapia en el Instituto Consciencia Gestalt de Tijuana Baja California, donde el señor Gerardo Macnair, y mis maestros me cambiaron la vida y me llevaron a enamorarme de esta disciplina. Gracias a ellos hoy puedo compartir sus secretos con quienes los necesitan.

Finalmente, logré obtener una maestría en Psicoterapia. Puedes imaginar, apreciada lectora, que los primeros días fueron realmente desafiantes y llenos de demandas. Ya de por sí, mi autoestima se encontraba en un nivel bajo, y todos mis compañeros eran psicólogos y profesionales con una formación superior a la mía. Me esforcé tanto que a veces me sorprendía escucharlos decir: "No puedo creer que no tengas una licenciatura en Psicología". Esos reconocimientos me alentaron mucho.

En el último semestre, elegí la especialidad de terapia de pareja, en gran parte, para entender por qué una mujer buena, trabajadora, honesta y cariñosa, que solo pedía a cambio sentirse amada, había fracasado, y también para prepararme a ayudar a quienes atraviesan por el proceso de divorcio, e incluso, para evitarlo.

Me gradué con un promedio muy alto, a pesar de no descuidar ni mi casa ni mi trabajo en el salón de belleza, al otro lado de la frontera. Me encantó volver a la escuela, retomar mi pasión por la lectura, por la escritura y redescubrir que tengo muchos talentos, que soy valiosa, a pesar de que haya quienes se hayan empeñado en menospreciar mi valor.

Poco a poco cambié la cosmetología por la terapia. Decidí peinar el alma de mis clientas antes de peinarles el cabello. Seguí estudiando. Me certifiqué como coach de vida y asistí a un Instituto de Superación Personal por dos años. Hoy, además, estoy certificada como coach de Desarrollo Humano y también como entrenadora de la filosofía de Louise Hay. Tanto en Estados Unidos como en México imparto el taller *Tú puedes sanar tu vida*, de Louise Hay.

No fue sencillo criar a mis hijos, generar ingresos y

formarme en esta nueva profesión que me permite dar terapia, talleres y conferencias.

Hace poco, me encontré a un amigo de mi hijo mayor, quien me dijo: "Señora, muchas felicidades, ya me contó Cristhian todo lo que ha logrado". Eso me llenó de emoción, porque mi hijo está orgulloso de mí. El tiempo pasa tan rápido que a veces no reconocemos nuestros propios logros y es un externo quien lo hace.

Mi hijo ya se casó. Mis dos niñas estudian, y la mayor está a punto de terminar su carrera en Biología. En el 2022 volví a creer en el matrimonio y decidí darle una nueva oportunidad al amor y emprender un nuevo camino con mi esposo William, del que estoy profundamente enamorada.

Me llena de orgullo escribir estas líneas, saber que hoy me veo al espejo con una mirada de aprobación y no de derrota, con la frente en alto y una autoestima elevada. Y eso mismo quiero para ti, querida lectora.

Actualmente, me doy cuenta de que sí soy valiosa, que dentro de mí estaban los ingredientes para salir adelante, para asomar la cabeza del hoyo donde estaba, aunque otros me lastimaran.

Entonces, ¿cómo logré convertir una vida llena de desafíos en una historia de triunfo y superación?

Esta pregunta me lleva a reflexionar y me plantea otra cuestión fundamental.

Imagina por un momento que tengo una máquina del tiempo, y con ella, la posibilidad de enviarme a mí misma, a mi yo más joven, un manual con siete de los mejores secretos que he adquirido en mi vida. Una guía que le enseñe a construir una familia basada en lazos fuertes y duraderos.

¿Te gustaría tener también acceso a ese manual?

Me imagino que sí y en estos momentos, ¡ya lo tienes en tus manos!

Este libro nace de la motivación profunda de compartir contigo los pasos precisos para construir una familia sólida y una vida llena de relaciones estables. Es mi manera de transmitir lo que he aprendido a lo largo de mi camino, con la esperanza de que pueda ser una luz en tu propia búsqueda de transformación.

Entonces, ¿estás dispuesta a recuperar tu autoestima y el control de tu vida?

Si tu respuesta es sí, entonces ¡comencemos juntas este viaje de transformación!

# Lo que el alma calla

'Lo que el alma calla' es una expresión poética para referirse a los pensamientos, emociones o experiencias internas profundas que una persona no expresa o comparte con los demás. Se refiere a los sentimientos y pensamientos más íntimos y personales que a veces mantenemos en silencio, ya sea por temor, vergüenza, privacidad o simplemente, porque son difíciles de expresar con palabras.

En este libro no solo te sentirás identificada con pensamientos, creencias e historias muy similares a la tuya, sino que también podrás encontrar muchas recomendaciones útiles, sin importar si apenas estás empezando a recorrer este camino o si ya lo pasaste, para continuar con tu vida siendo madre soltera, o bien, para emprender una nueva vida amorosa.

Muchas veces, durante este proceso, encontramos en nuestro camino personas que, al igual que nosotras, están necesitadas de amor, compañía y atención, pero ¿cómo saber si nuestro corazón ha sanado completamente?, ¿cómo saber si estoy lista para intentarlo nuevamente?

Por eso, he decidido plasmar en este libro no solo mi propia historia, sino también la historia de muchas mujeres que han tenido la valentía y la confianza de contarme las suyas, y que me han dado el honor de hacerme parte de sus vidas por medio de la terapia.

Agradezco a estas mujeres valientes que han tomado una decisión amorosa de buscar ayuda emocional por este medio y que gracias a ellas se escribe este libro que estoy segura, te ayudará a ti a recorrer esta etapa de tu vida donde te darás cuenta de que no eres la única que tiene este tipo de pensamientos, sentimientos y emociones y además que no estás sola.

Esta etapa de la vida está llena de confusión, de miedo y sobre todo de mucho dolor, es una etapa donde hay que tomar muchas decisiones, y es precisamente en este momento cuando se toman decisiones de las que ni siquiera nosotras mismas estamos seguras cuál va a ser la consecuencia por pagar.

Una de ellas es aquella pregunta que repetidamente viene a nuestra cabeza, sin descanso, una y otra vez; ¿me quedo o me voy? Definitivamente, la pregunta del millón y es una respuesta muy difícil de obtener, ya que se acompaña de dudas y mucho temor.

Por eso, más adelante, encontrarás preguntas para reflexionar si realmente vale la pena quedarse y luchar o si lo mejor es irte para salvaguardar tu salud física y emocional.

Como en todo evento traumático, siempre nos encontramos con los efectos físicos y psicológicos a los que estamos expuestos en este proceso del divorcio. Por eso, te guiaré por un recorrido de todos los efectos que puedes llegar a sufrir física y psicológicamente.

Podrás descubrir y entender las emociones y todo lo que está pasando, no solo con tu mente sino también con tu cuerpo, pero sobre todo te ayudaré a encontrar el regalo, porque como en toda situación siempre hay algo por rescatar y el divorcio no es la excepción.

Si lo manejamos adecuadamente, tal vez no podamos evitar el dolor, pero el sufrimiento sí y también podemos evitar sentirnos fracasadas o derrotadas. Me atrevo a afirmar que llegará un momento donde seas capaz de sentir que todo ha valido la pena, incluso el dolor.

Soy una firme creyente de que todo obra para bien, hasta aquello que en cierto momento llegamos a considerar como malo y doloroso.

Como escritora, amante de la lectura y de la poesía, también incluí en este libro un poema para cada capítulo. La intención es llevarte no solo a conectarte con la lectura, sino también con tus sentimientos, con tus emociones y me atrevo a decirte que, en cada poema, encontrarás parte de tu propia historia de tu propio dolor, que te llevarán a reflexionar y a resurgir a la nueva mujer, como resurgí yo, porque esta también es mi historia.

Este libro no solo es parte de mi historia, sino de la historia de las mujeres en general, son esos pensamientos que ni siquiera nos atrevemos a mencionar en voz alta los que están plasmados en este libro.

Hoy, te puedo compartir mi propia experiencia como una mujer que ha pasado por un proceso de divorcio. El recorrido al que te invito en este libro te ayudará a descubrir muchos aspectos de tu vida matrimonial, a reconocer y a darte cuenta de los sentimientos y emociones que estás viviendo durante esta etapa y cómo manejarlos para que el recorrido durante este proceso sea mucho más llevadero.

Soy una firme creyente de que existe un ser supremo al que le llamo Dios, creador de los cielos y la tierra. La palabra padre significa creador, cuidador y protector. Y como todo padre amoroso y protector, yo confío firmemente en que él no solamente nos ama y protege, sino que también tiene la capacidad de alejarnos de los lugares y las personas no aptas para nuestro bienestar.

Nuestro padre también tiene la capacidad para sanar heridas y restaurar matrimonios y que cuando nosotros sus hijos nos encontramos en medio de un sufrimiento o de un dolor muy grande, él siempre nos sostiene entre sus brazos y nunca nos abandona.

En Isaías 41:10 encontramos un versículo muy conocido que me gusta citar en momentos en los que necesito ánimo o fortaleza:

*No temas, porque yo estoy contigo. No tengas miedo, porque yo soy tu Dios. Te fortaleceré, y también te ayudaré. También te sustentaré con la diestra de mi justicia.*

Este libro está dirigido a la mujer que ha estado expuesta al abandono, a la infidelidad, al maltrato psicológico, a la crítica de la sociedad, quizá a la que ha tenido que jugar el papel de madre soltera, así como a la mujer que, en muchas ocasiones, ha tenido que sacrificar su vida amorosa por miedo a que le vuelvan a romper el corazón.

Sin importar si ya te separaste, si estás dudando en hacerlo o si apenas has considerado esa posibilidad, los siguientes capítulos serán un parteaguas en la transformación de tu ser.

# Definiciones: creación, matrimonio y divorcio

Comenzaré con la creación, antecedente del matrimonio. En tu propia fe, quizá tengas tu propia versión de la creación. Pero tomando la Biblia como autoridad ampliamente reconocida, te comparto lo que dice cuando Dios creó el primer matrimonio en el sexto día de la creación (Génesis 1: 27 y 28):

*Y creó Dios al hombre a su imagen, a imagen de Dios los creó varón y hembra los creó y los bendijo y les dijo fructificad y multiplicaos.*

En la Biblia encontramos el principio de la creación del hombre y el propósito particular por el que fuimos creados hombres y mujeres. Los hizo herederos de la tierra y de todo lo que en ella habita, y fue así como Dios le dio a Adán la potestad de nombrar todo ser viviente sobre la Tierra, lo que significa que el hombre tiene dominio sobre todo ello (Génesis 2: 21 22 y 23):

*Jehová Dios hizo caer un sueño profundo sobre Adán, y mientras este dormía, tomó una de sus costillas, y cerró la carne en su lugar. (…) Y de la costilla que Jehová Dios tomó del hombre, hizo una mujer, y la trajo al hombre. Dijo entonces Adán, esto es ahora hueso de mis huesos y carne de mi carne; esta será llamada Varona, porque del varón fue tomada.*

Y desde entonces se ha creado gran disputa en la humanidad, donde muchos piensan que la mujer debe de estar bajo el dominio del hombre. Sin embargo, esos pensamientos son solo de algunos que todavía padecen o sufren de lo que llamamos machismo, ya que las mujeres fuimos sacadas de un costado de Adán, no de la cabeza ni de los pies.

Creo firmemente que toda mujer, que toda esposa, debe de caminar e ir siempre a la par, al lado de su esposo, no adelante ni atrás, simplemente como Dios la creó, como lo dice la sagrada escritura (Génesis 2: 18):

*Dijo Jehová Dios: No es bueno que el hombre esté solo; le haré ayuda idónea para él.*

La palabra «idónea» en hebreo se traduce como «adecuada, apropiada o conveniente». Este término implica que la mujer fue creada para ser una compañera y colaboradora adecuada para el hombre en su vida y su labor. En el contexto bíblico, la mujer no fue creada como un ser inferior al hombre, sino como su igual (Génesis 1: 27 y 28):

*Así que Dios creó a los seres humanos a su propia imagen.*

*A imagen de Dios los creo; hombre y mujer los creo. Luego los bendijo con las siguientes palabras: Sean fructíferos.*

Dios nos creó a su imagen y semejanza, y es por eso que, cuando nacemos no conocemos el miedo ni la desconfianza y, por lo tanto, no tenemos ningún mecanismo de defensa porque nadie nos ha lastimado. A medida que vamos creciendo y teniendo experiencias en la vida, sobre todo experiencias no muy gratas, vamos desarrollando el ego y mecanismos de defensa para evitar ser lastimados.

En muchas ocasiones estos mismos mecanismos de defensa nos convierten en personas desconfiadas, amargadas e inseguras, llevándonos a tener heridas nuevas, como por ejemplo divorcios y separaciones.

Mis hermosas mujeres, ¿con qué frecuencia abrimos la boca para maldecir, calumniar y criticar a nuestros esposos? Solo lo pongo como referencia y sin juzgar, además me uno a este contexto, y consciente de que no hay perfección en el ser humano. Lo único que puedo hacer es tomar responsabilidad de la parte que me toca como mujer y como hija de Dios y revisar de forma consciente si estoy haciendo lo que, a mí como ayuda idónea, me corresponde. La mujer puede aportar su conocimiento, sabiduría y entendimiento en una situación y enriquecer la toma de decisiones en conjunto.

Estamos contaminados mental y emocionalmente por las experiencias vividas del pasado y por el ego. Los hombres y mujeres que hemos estado casados o en pareja anteriormente venimos cargando las heridas que hemos adquirido en el camino.

Cuando empezamos una nueva relación amorosa y tenemos alguna situación o conflicto con la pareja, solemos asociarla de manera inconsciente con una situación similar vivida en el pasado y que nos lastimó, entonces reaccionamos de manera abrupta con malas palabras, ira, enojo, rencor, etc. Sucede como mecanismo de defensa por miedo a salir lastimados nuevamente. Esta contaminación de la que hablo es adquirida durante nuestra vida, por medio de las malas experiencias vividas, sobre todo en las relaciones amorosas.

Después de una mala relación o de un divorcio nos quedamos con diferentes tipos de heridas, pueden ser heridas de abandono, heridas psicológicas y emocionales, heridas de infidelidad solo por citar algunas, y este tipo de heridas se arrastran a la siguiente relación.

Por ejemplo, si en tu relación anterior sufriste de infidelidad, en la siguiente relación lo que vas a estar haciendo es cuidarte todo el tiempo de que no te sean infiel nuevamente, porque ya tu inconsciente reconoce el tipo de dolor que este tipo de situaciones te causó una vez, y entonces empiezas a vigilar a la otra persona, empiezas a sospechar por cualquier cosa, haciendo que tu nueva relación adquiera heridas arrastradas del pasado.

Lo mismo hace la otra persona y sobre todo cuando es

una segunda o tercera relación. Ambos cargan heridas que, en muchas ocasiones, no permiten que una nueva relación fluya libremente. Es una cadena de lesiones que si no rompemos nos causa mucho sufrimiento y no nos permite vivir relaciones saludables.

Más adelante, encontrarás una serie de ejercicios que te ayudarán a romper esas cadenas de heridas emocionales, para que así puedas vivir una vida mucho más plena y libre de emociones viejas que no te dejan avanzar.

## Hermosa alianza

*Cuenta la historia que un edén hermoso se realizó el*
*primer matrimonio de la historia,*
*los novios Adán y Eva se llamaban*
*y cuando el gran creador los puso uno frente*
*al otro ellos ya se amaban*
*pues fueron hechos el uno para el otro*
*para que se acompañaran,*
*tuvieron tantos regalos ese día que ellos ni se imaginaban*
*Pues el gran creador del mundo*
*les dio la tierra por morada,*
*y además también les dio todo lo que en ella estaba*
*y los bendijo grandemente para que se multiplicaran*
*Y desde ahí empezó la historia del matrimonio*
*con los primeros dos seres humanos del mundo*
*para que una familia formaran*
*y siendo fructíferos la tierra poblaran*
*gracias, gran creador perfecto, por tan hermosa alianza.*

*—Diana Salgado*

Ahora, hablaré del matrimonio, a través de su historia. Tras investigar sobre el tema, quiero liberarme de prejuicios e ideas preconcebidas, para poder ahondar en la verdadera esencia del matrimonio. Conocer bien el origen y la evolución histórica de este fenómeno universal, que se da en todas las culturas y lugares del planeta.

El matrimonio es una institución espiritual, social y legal que establece una unión reconocida entre dos personas que comparten una relación íntima y comprometida. En la mayoría de las sociedades, el matrimonio implica una serie de derechos y responsabilidades legales y sociales. Aquí hay algunos aspectos clave del matrimonio:

**Unión legal:** El matrimonio implica un contrato legalmente reconocido entre dos personas que establece sus derechos y obligaciones mutuas. Este contrato se formaliza a través de un proceso legal y generalmente requiere una ceremonia de matrimonio.

**Compromiso:** El matrimonio implica un compromiso de por vida o, al menos, la intención de una relación a largo plazo. Aunque las tasas de divorcio han aumentado en muchas sociedades, el matrimonio sigue siendo visto como una unión que debería durar toda la vida.

**Derechos y responsabilidades:** El matrimonio otorga a las parejas una serie de derechos legales y beneficios, como beneficios fiscales, herencia, seguro médico compartido y decisiones legales conjuntas. También impone responsabilidades financieras y legales, como la obligación de apoyo mutuo y la división de activos en caso de divorcio.

**Reconocimiento social:** El matrimonio es generalmente reconocido y celebrado por la sociedad en la que se lleva a cabo. Las parejas casadas a menudo son vistas como una unidad familiar y pueden disfrutar de un estatus social especial.

**Variedad cultural y legal:** Las leyes y las normas culturales que rigen el matrimonio varían en todo el mundo y a lo largo de la historia. Las definiciones de matrimonio pueden incluir uniones entre un hombre y una mujer, entre personas del mismo sexo o incluso entre más de dos personas en algunas sociedades.

**Propósito:** A lo largo de la historia, el matrimonio ha tenido diversos propósitos, como la consolidación de la propiedad, la herencia, la alianza política, la procreación y el amor romántico. El propósito del matrimonio puede variar según la cultura y la época.

Es importante destacar que las percepciones y las leyes sobre el matrimonio han evolucionado considerablemente a lo largo del tiempo y continúan cambiando en muchas partes del mundo. En la actualidad, el matrimonio es una institución diversa que puede adoptar muchas formas diferentes y tiene significados variados para las personas y las diferentes sociedades.

El matrimonio es un concepto exclusivo de la especie humana. El enlace matrimonial adopta diferentes formas dependiendo de la cultura en la que se lleve a cabo, es un rito propio del ser humano, que tiene una serie de pautas comunes para todos los individuos, indistintamente de la edad, sexo, raza o religión.

De acuerdo con la psicología familiar, los primeros grupos humanos marcan el inicio de esta historia en la sociedad humana y, por lo tanto, en el matrimonio. Fue en la transición del período paleolítico y neolítico que se da el primer indicio en la formación de grupos sociales y familiares.

En este periodo no existía la conciencia de la procreación ni los lazos amorosos que existen hoy en día, el coito y los encuentros sexuales se daban por instinto, y, por lo tanto, cuando la mujer quedaba embarazada y tenía a sus hijos, ellos simplemente no entendían cómo sucedía, puesto que no tenían conciencia de la procreación. Y, como resultado, estos nuevos integrantes del clan o de la tribu estaban relacionados única y directamente con la madre.

Sin embargo, y como podemos darnos cuenta hoy en día gracias a la evolución de la familia, todo esto ha cambiado completamente.

Los primeros descubrimientos sobre el matrimonio los encontramos en la cultura mesopotámica. En el 4000 a. C., en una tabla de barro se deja constancia del pacto entre un hombre y una mujer, definiendo los derechos y deberes de la esposa, el dinero que está obtendría en caso de ser rechazada y el castigo en caso de ser infiel. En la Edad Antigua, la unión matrimonial no era otra cosa que un contrato entre el suegro y el yerno, en el que se definían los intereses de los cónyuges y sus deudos.

Es increíble que algo tan simple como un contrato grabado en tablas de barro, sea el origen de las bases de un concepto tan complejo, pero hermoso como es el matrimonio, y que su legado no solo haya permanecido, sino que se haya transmitido durante muchos siglos y de generación en generación.

Los egipcios consideraban a los dos miembros de la pareja igualmente relevantes, lo que tiene mucho parecido con las uniones de pareja actuales. Al contrario de los griegos, que sostenían la versión no igualitaria entre los dos sexos.

Los romanos usaban como práctica matrimonial el "coemptio" o compra recíproca, es decir, ambos esposos simulaban comprarse mutuamente con regalos, esta práctica era usada por las clases plebeyas que no requerían de grandes contratos económicos porque en realidad lo único que tenían era el uno al otro, el padre de familia tenía derecho de vender a sus hijas a quienes requerían procrear y generar su descendencia.

La mayoría de los plebeyos se casaba en promedio a los 20 años, para las mujeres, y 30 para los hombres. Lo hacían por amor y no por imposición paterna.

**Usus:** el más antiguo de los matrimonios donde la mujer tenía que convivir más de un año con el marido de forma continua.

**Confarreatio:** se trató de un matrimonio religioso e indisoluble en donde la mujer cortaba lazos religiosos con su familia de origen, para así adoptar los de su marido y su familia política.

**El matrimonio en la Edad Moderna:** Durante la Edad Moderna las ideas sobre el matrimonio comenzaron a cambiar, surgieron nociones de amor romántico y la importancia del consentimiento mutuo entre los cónyuges. La reforma protestante también influyó en la concepción del matrimonio al permitir el divorcio en algunas denominaciones protestantes.

**Matrimonio en tiempos contemporáneos:** A través de

los s. XIX y XX, las leyes han evolucionado para otorgar a las mujeres derechos más igualitarios en el matrimonio y permitir el divorcio en un gran número de países.

A medida que las sociedades se volvían más diversas, las normas culturales y religiosas sobre el matrimonio variaron significativamente en todo el mundo.

En muchas sociedades occidentales, el matrimonio ha evolucionado hacia un enfoque más centrado en la igualdad de género y el amor romántico.

Hoy en día, el matrimonio puede tener muchas formas diferentes y no está limitado a la unión entre un hombre y una mujer. En muchos países han legalizado el matrimonio entre personas del mismo sexo. El matrimonio se ha convertido en una institución más flexible en términos de roles de género y expectativas, y muchas personas eligen casarse más tarde en la vida o no casarse en absoluto.

Pasando a la etapa más actual, podemos observar que existen diferentes tipos de matrimonios. Por ejemplo, el matrimonio legal o civil, en el cual la pareja, de manera mutua, acude a un registro o notaría para formalizar su unión. También encontramos los matrimonios religiosos, que se llevan a cabo mediante ritos o celebraciones religiosas, dependiendo de las creencias de la pareja.

Existen numerosos relatos históricos acerca de los inicios del matrimonio, sus etapas a lo largo de la historia, y cómo se celebraban en diversas razas y culturas. Sin embargo, considero que el matrimonio trasciende la historia, ya que, al investigar e incluso al referirnos a la Biblia, encontramos menciones de cómo estas uniones también llegan a su fin.

Más allá de la historia y de cómo puede terminar un matrimonio, mi creencia personal es que los seres humanos debemos enfocarnos en cómo construir un buen matrimonio. Independientemente del tipo de ritual o ceremonia que las parejas elijan para formalizar su unión, existen muchas formas de fortalecer la relación. Sin embargo, algo que quizás aún no hemos logrado comprender completamente como seres humanos es el propósito del matrimonio.

Desde mi perspectiva personal, me atrevería a decir que la mayoría de las personas se unen en matrimonio con un propósito equivocado. Muchas veces, creemos que el matrimonio es para encontrar nuestra propia felicidad o para sentirnos realizados, e incluso para que nuestra pareja nos haga felices. No obstante, el propósito que Dios tiene para el matrimonio es que nos brindemos compañía, apoyo mutuo y consuelo. Esto significa que el matrimonio no se trata solo de recibir, sino también de dar.

La Biblia aborda el tema del matrimonio en varias partes del Antiguo y del Nuevo Testamento. Algunos puntos clave sobre el matrimonio en la Biblia incluyen el relato en Génesis 2:24, donde se instituyó el matrimonio cuando Dios creó a Adán y Eva. Este versículo se cita a menudo para resaltar la importancia de la unión y la intimidad en el matrimonio.

Además, se menciona la práctica de la poligamia entre los antiguos judíos, con ejemplos como Abraham, Sara y su sirvienta Agar. Aunque en el Antiguo Testamento se mencionan casos de hombres con múltiples esposas, el ideal bíblico del matrimonio es la monogamia. Jesús enfatizó este ideal en el Nuevo Testamento en Mateo 19:5, cuando dijo:

*Por esto, el hombre dejará a su padre y a su madre, y se unirá a su mujer, y los dos serán una sola carne.*

El apóstol Pablo ofrece consejos sobre el matrimonio y el divorcio en la comunidad de Corinto. Pablo enfatiza la importancia de mantener relaciones sexuales dentro del matrimonio y aborda temas relacionados con el celibato, el matrimonio de creyentes y no creyentes, y la posible separación de cónyuges no creyentes. También enfatiza la idea de que el matrimonio es un compromiso importante y que la reconciliación es preferible al divorcio si es posible, con el amor como fundamento, en Corintios 13: 4-7:

*El amor es paciente, es bondadoso. El amor no es envidioso ni jactancioso ni orgulloso. No se comporta con rudeza, no es egoísta, no se enoja fácilmente, no guarda rencor.*

Es importante tener en cuenta que las interpretaciones y aplicaciones de estos pasajes bíblicos pueden variar entre diferentes denominaciones cristianas y entre las parejas individuales. Muchas parejas cristianas modernas buscan un equilibrio entre seguir las enseñanzas bíblicas sobre el matrimonio y adaptarlas a las normas y expectativas culturales contemporáneas.

En resumen, la historia del matrimonio es un viaje complejo que refleja la evolución de las sociedades, las creencias religiosas y las normas culturales a lo largo del tiempo. El matrimonio ha pasado de ser principalmente un contrato económico y social a ser una unión basada en el amor y la igualdad en muchas partes del mundo actual.

En algunas culturas el matrimonio es un evento de sociedad muy importante y en muchas ocasiones hasta un negocio familiar, para nadie es un secreto que en muchas culturas los matrimonios son arreglados por los padres de los novios y muchas veces se casan entre ellos siquiera sin conocerse y aun sin importar la edad de los cónyuges, en ocasiones hay matrimonios de mujeres muy jovencitas casi unas niñas casadas con hombres muy mayores.

En realidad, no importa la edad ni tampoco importa la cultura o la religión. El punto es que de una u otra forma, todos los seres humanos terminamos ligando nuestras vidas a la de alguien más y formando una familia a la que traemos hijos. Esos pequeños son el fruto de esa unión, de ese amor. Y toda separación o ruptura afecta a las personas involucradas.

Y cuando hablo de las personas involucradas estoy incluyendo a los hijos de la pareja, a la familia y a los amigos cercanos.

Pasamos ahora a las distintas definiciones del divorcio, comenzando con algunas de la fe cristiana. Jesús habló sobre ello en Mateo 19:6-9, explicando que el divorcio es permisible en casos de infidelidad sexual, pero que no debe tomarse a la ligera:

*Así que ya no son dos, sino una sola carne. Por tanto, lo que Dios ha unido, que no lo separe el hombre. ¿Por qué, entonces, le preguntaron, Moisés mandó darle acta de divorcio a la mujer y despedirla? Moisés les permitió divorciarse de sus mujeres debido a la dureza de su corazón, les contestó Jesús; pero al principio no fue así. Yo les digo que quien se divorcie de su mujer, a no ser por causa de infidelidad sexual, y se case con otra, comete adulterio.*

El divorcio es un término jurídico utilizado para formalizar la separación legal entre dos personas que han estado casadas, pero esta palabra no abarca completamente la complejidad emocional que implica una separación o divorcio.

Existen diversas causas que pueden llevar a un divorcio. Estas incluyen la infidelidad, el abuso físico, psicológico, emocional y sexual, así como la falta de amor hacia la pareja. Además, en algunos casos, las diferencias religiosas también pueden ser una razón para el divorcio.

Nacemos con la necesidad de vivir en sociedad y, en muchos casos, de formar una familia a través del matrimonio o la unión libre. Parece ser una parte intrínseca de la vida humana buscar relaciones de pareja, sin importar la edad.

El proceso de divorcio es un desgarro emocional. Es como cuando un jarrón de cristal se rompe en pedazos y estos se esparcen por todas partes. Los fragmentos más pequeños a veces son casi invisibles, y estos representan nuestras ilusiones rotas, expectativas no cumplidas y sueños frustrados.

En algunas culturas o religiones, el divorcio o la separación pueden considerarse inaceptables. Sin embargo, los tiempos han cambiado, y en la sociedad actual, el divorcio es algo común y en general se acepta, especialmente según la causa de este. La evolución de las normas sociales ha llevado a una mayor comprensión de que, en algunos casos, el divorcio puede ser la mejor opción para el bienestar de ambas partes involucradas.

Aunque mi postura siempre es a favor del matrimonio y la familia como base de la sociedad, también creo que en muchas situaciones el divorcio es necesario, sobre todo para salvaguardar la integridad física y emocional del miembro de la pareja que esté siendo sometido o maltratado física y emocionalmente.

Como seres humanos llenos de debilidades y manejados por el ego, dejamos atrás todos estos principios que se nos han dejado escrito desde el comienzo de los tiempos. En la Biblia existe un manual de cómo el hombre debe de tratar a la esposa y cómo una esposa debe de tratar al esposo.

Sin embargo, por falta de conocimiento o de obediencia

dejamos atrás ese manual bíblico y empezamos a vivir a nuestro parecer, y como lo dije anteriormente, somos seres humanos, llenos de debilidades y defectos y es así como vivimos el matrimonio que da resultado un divorcio.

Querida lectora, dejo a tu criterio la definición personal del divorcio, a partir de tus propias creencias, cualquiera que estas sean.

En los siguientes capítulos, te comparto algunas de las valientes historias que mis pacientes me han confiado. Los nombres han sido cambiados para proteger su identidad. Cuando yo he preguntado a cada una de estas mujeres en consulta, por qué no se fueron o por qué no buscaron ayuda, sus respuestas tienen en común casi lo mismo: por los hijos, por miedo a no poder solas, por no tener a dónde ir, por el qué dirán.

El divorcio no es solamente el desenlace inevitable de ciertos problemas conyugales o 'el último recurso' utilizado para terminar con los conflictos vividos en la pareja, sino una solución, un medio empleado para resolver conflictos. **Muchas veces tomamos esta fuerte decisión sin buscar alternativas para una mejor solución** como, por ejemplo, ir a terapia de pareja, tomar consejería espiritual o simplemente, dejar el ego a un lado, dejar de ser egoístas y pensar un poco más en la unidad familiar para el bienestar de todos.

Ahora, nos adentraremos en un tema que aborda emociones muy difíciles que probablemente ya has experimentado. Estoy segura de que te sentirás identificada en más de una de ellas.

# Exceso de confianza
# y divorcio psicológico

Quise comenzar este libro con un poema a la que llamé *Exceso de confianza*, porque eso es lo que yo realmente creo que acaba con el matrimonio, además de otras situaciones que iré mencionando más adelante en el transcurso de este hermoso libro.

Nos casamos creyendo que vamos a vivir un cuento de hadas, pero llega el exceso de confianza y te das cuenta de que todo aquello no era lo que tú esperabas, los años y el exceso de confianza desgastan una relación.

La disolución de un matrimonio, no se da en el momento de la firma del documento que lo acredita, sino desde las etapas más tempranas del compromiso de la pareja. Las cosas no se descomponen de la noche a la mañana, sufren un deterioro lento, silencioso e inconsciente que va desgastando la relación, inclusive antes de iniciar. A este desgaste inicial yo lo llamé 'divorcio psicológico'.

Algunos indicadores de divorcio psicológico son:

- Indicios de infidelidad.
- Diferencias en el área de lo sexual.
- Problemas económicos cotidianos relacionados con la distribución del ingreso.
- Sentimientos de que la vida se te va.
- La posibilidad de rehacer una nueva vida.
- Diferencia entre los valores sociales de la pareja, tales como educación, ideales o proyectos de vida, etc.
- Comunicación deficiente.

El tema de la comunicación es y ha sido siempre uno de los puntos más relevantes entre los miembros de la pareja. Pareciera que mujeres y hombres habláramos idiomas diferentes para comunicarnos. Así me lo expresó un hombre al final de una de mis conferencias: "Gracias, Diana. Con razón no entendía por qué mi exesposa esperaba tanto de mí. Ahora lo veo con claridad, nunca habíamos hablado de lo que yo esperaba de ella y ella de mí".

Por un lado, nuestras diferencias de género hacen que las mujeres seamos más, emocionales y los hombres más lógicos en su forma de comunicarse, pero independientemente de la comunicación o de la forma de comunicarnos afectiva y emocionalmente, dependiendo de nuestro género sean hombres o mujeres, el problema es de comunicación de expectativas, si expectativas no comunicadas antes del compromiso o del matrimonio como tal.

Es como cuando estoy haciendo una negociación con otra persona donde se involucran bienes materiales y dinero, es lo que yo espero que el otro me dé a cambio de algo, eso cuando hablamos de negocios o transacciones tangibles se entiende muy bien, sin embargo, cuando hablamos de la pareja y hay sentimientos de por medio las cosas cambian.

Por ejemplo, nos casamos sin expresar nuestras expectativas y deseos, no ponemos en claro nuestras necesidades ni tampoco nos esforzamos por conocer las expectativas y necesidades del otro, o sea, hacemos un contrato intangible y mental lleno de expectativas y necesidades que nuestra pareja ni siquiera se imagina que nosotros tenemos y por supuesto que nuestra pareja también tiene un contrato intangible mental lleno de necesidades y expectativas que se supone que nosotras debemos cumplir, pero que ni siquiera conocemos.

Y terminamos firmando un documento legal donde nos comprometemos a todo menos a lo más importante que es ser esa ayuda mutua, ese complemento y consuelo para nuestra pareja. Y nos dedicamos simplemente a quejarnos amargamente por nuestras expectativas no resueltas, por nuestra infelicidad y nuestra falta de realización, culpando a nuestra pareja por toda nuestra desdicha.

"El que busca encuentra" es un dicho muy popular en Latinoamérica y muchas veces este dicho se usa para referirse a uno de los dos miembros de la pareja cuando busca evidencia para asegurarse de que su esposo o su esposa le es infiel. Y en honor a este dicho les contaré la siguiente historia que me fue relatada por una mujer a la que llamaremos Esperanza.

## Crisis del alma: Esperanza

Esperanza, una mujer de mediana edad, muy hermosa alta delgada, con unos ojos verdes enormes, y a pesar de su belleza física, Esperanza sentía que ya no le agradaba a su esposo tanto como antes, Y unido a este sentimiento estaba el comportamiento de su esposo que cada vez se comportaba más indiferente y con muy poca falta de empatía hacia los reclamos de Esperanza, pues según él, Esperanza se hacía muchas fantasías en su cabeza.

Esperanza me describió detalladamente en cada sección terapéutica, lo segura que ella estaba sobre la infidelidad de su esposo. Yo podía notar en ella el dolor reflejado en su rostro y hasta podría decir que una mezcla de angustia y miedo al abandono. Esperanza cabe perfectamente en la descripción de una relación basada en el apego.

Debido a esa frustración, Esperanza empezó a sufrir de ansiedad, una ansiedad que según ella era causada por su esposo, cada vez que él no le contestaba el teléfono ella se empezaba a sentir ansiosa y por su cabeza pasaban muchos pensamientos porque a pesar de que ella no tiene ninguna prueba, tenía la certeza de que su esposo la estaba engañando con alguien más.

Haciéndole honor al dicho popular que dice que quien busca encuentra, Esperanza decidió empezar a indagar por su propia cuenta, y sí, efectivamente Esperanza encontró lo que tanto temía. Efectivamente, pudo corroborar que su esposo la engañaba con una mujer mucho más joven que ella.

Y mientras Esperanza narraba con minuciosidad lo que encontró en el celular de su esposo, las lágrimas rodaban sin cesar por sus mejillas, acompañadas de sollozos interminables. En la mente de Esperanza quedaron grabadas a detalle cada una de las conversaciones que su esposo sostenía en el chat de su teléfono con su amante. Esperanza enfrentó a su esposo con la evidencia en la mano a lo que él le respondió, ¡basuras buscabas, pues basura encontraste!

Sin embargo, el esposo de Esperanza no reconoció que lo que ella leyó en esas conversaciones fuera una infidelidad. Él argumentó que era solo una amiga que pasaba por un mal momento y que él intentaba ayudarle a aumentar su autoestima. Por eso, le decía palabras tan halagadoras como "tienes un cuerpo hermoso", "pareces una diosa", "me encanta disfrutar de tu compañía".

Increíblemente y para mi asombro, después de que Esperanza lloró tanto al encontrar toda esta evidencia en el teléfono de su esposo, su cara mostraba gran tranquilidad, como si el hecho de que hubiera descubierto lo que tanto temía le hubiera dado la paz que ella necesitaba, pues ya no había secreto que perseguir, ya todo quedaba al descubierto.

Esperanza volvió a consulta un par de semanas más y de repente, desapareció. Tres meses después, sonó el teléfono. Era Esperanza solicitando un espacio para una consulta. Claro que sí, Esperanza, me encantaría volver a verte y saber cómo estás. Enseguida, acordamos día y hora de la siguiente semana en el consultorio.

Para mi sorpresa, encontré a Esperanza muy elegantemente vestida, con corte y color de cabello nuevos. ¿Cómo estás, Esperanza?, me da muchísimo gusto verte, le dije, y ella respondió también con gran amabilidad. Al continuar la terapia me daba la impresión de que ella había venido conmigo simplemente a limpiar el honor de su esposo que, según ella, por su ansiedad y nerviosismo había ensuciado.

Esperanza comenzó a relatar cómo su esposo la había convencido de que lo que ella había visto no era una infidelidad, sino una amistad, y además, muy respetuosa. Continuó diciendo que su esposo era un hombre muy carismático, con muchas amistades y que siempre habían tenido algún tipo de problema porque él era demasiado amable con todas las personas, no solo con las mujeres, sino también con los hombres.

En ese momento, Esperanza me hizo saber con mucha claridad, que confiaba ciegamente en su esposo. O quizás, me atrevo yo a agregar, que el apego y el miedo al abandono la llevaron a creer lo que mejor le convenía para no tener que enfrentarse a sus propias heridas.

Insisto, un divorcio no sucede de la noche a la mañana, para llegar a un divorcio hay varias etapas por las que pasa el matrimonio y una de ellas es el exceso de confianza. Dejamos pasar por alto los detalles, la amabilidad y el agradecimiento hacia la otra persona y poco a poco van llegando la falta de respeto que las podemos ver por medio de una infidelidad, o en algunas ocasiones con enfado, desgano y desapego.

La intimidad sexual se va acabando y los encuentros son cada vez más espaciados, porque un corazón herido o lastimado de todo tiene ganas menos de ser acariciado por aquella persona que la ha maltratado. Y al pasar del tiempo nos encontramos viviendo con un extraño, hacemos cosas por compromiso y muchas veces callamos por evitar enfrentamientos y por miedo a que suceda eso que en la mente ya traemos.

Toda pareja que pasa mucho tiempo viviendo este tipo de situaciones, muy en el fondo de su mente, sabe hacia dónde se dirige su matrimonio, porque **cuando un matrimonio legalmente se termina, la realidad es que ya se ha terminado en su mente meses o quizás años atrás.**

Porque están viendo la situación día con día, se dan cuenta de que ya no están enamorados de esa persona, o sienten que la otra persona ya no los quiere y no los trata como antes lo hacía, sienten la indiferencia y desafortunadamente muchas veces soportan la infidelidad y el maltrato, y quizás ya hasta lo han hablado con alguien con sus amigos, alguien de la familia o incluso con el pastor de su iglesia.

**Para cuando el divorcio sucede, tú ya lo has llorado muchas veces** en tu almohada y en la soledad de tu cuarto, pero una parte de ti se niega a creer que esto te esté realmente pasando. Y lo peor es que no sabes cómo solucionarlo. **Sientes mucho miedo y empiezas a calcular en tu mente a dónde voy a ir, qué va a pasar con mi economía, qué van a decir los niños, los amigos y sobre todo la familia.**

Te sientes triste y **esa tristeza se empieza a reflejar en tu rostro, en tu cuerpo y en tu arreglo personal.** En este momento te acompaña el miedo y la incertidumbre, además de tener que vivir día con día un ambiente estresante y hostil. Sientes que la felicidad se ha ido de tu vida y te encuentras sin salida. No eres feliz, pero tampoco quieres sentir que has fracasado.

La palabra fracaso se usa muy constantemente, sobre todo en la cultura latina, donde cuando una persona tiene una ruptura sentimental o un divorcio, lo que comentan los padres o la familia es: "fracasó en su matrimonio".

El término fracaso en esta situación la podemos tomar como sinónimo de pérdida, que no hicimos lo correcto, que fuimos incapaces de mantener una relación a flote y también hay muchos otros factores por las que las personas se quedan en un matrimonio disfuncional y esa razón puede ser por creencias: no me quiero sentir una fracasada, qué van a decir mis amigos, qué va a decir la iglesia donde nos congregamos, qué va a decir la familia, qué va a pasar con los hijos, con el dinero y con todos los bienes acumulados.

Irónicamente, he escuchado un dicho muy popular que dice: más vale un mal matrimonio que un buen divorcio y este tipo de comentario es muy normal, sobre todo en aquella persona de la relación que tiene la mayor capacidad económica y que no quiere perderla por causa del divorcio. Definitivamente, el dinero y la clase social hacen que sea difícil para este tipo de personas llegar a divorciarse.

## Crisis del alma: Viviana

Viviana es una paciente viene a consulta muy seguido, quejándose amargamente de su esposo por su falta de empatía y por sus constantes infidelidades. Y antes de terminar cada sección siempre termina repitiendo "pero jamás lo voy a dejar porque él tiene que pagar todo lo que me hace".

Entonces, yo le preguntaba: ¿y cuál es el precio de todo el dolor que estás viviendo? A lo que ella contestaba, con un tono de venganza en su voz, que cada vez que él no llega a casa a dormir o ella lo descubre con una nueva infidelidad, se va de compras o se va de vacaciones con alguna amiga, y a veces se va sola en un crucero y gastando el dinero de su esposo hasta que ella siente que queda vengada la ofensa.

Y el ciclo se sigue repitiendo: él la sigue engañando y ella se sigue gastando su dinero. Total, que ya tienen veinticinco años casados y según ella, en el círculo social al que pertenecen. Para sus amistades ellos son la pareja ideal.

También creo que hay muchas y únicas formas de amar. Y, aunque para algunas personas la situación de mi paciente antes mencionada puede ser algo caótica, a quienes la viven les resulta muy normal. Quizás, esa es su forma de amar, y está bien, no es ni bueno, ni malo, lo importante es que cada uno sea feliz con lo que escoge vivir.

Te dejo un poema muy real y que demuestra que cuando un matrimonio llega al divorcio legal, emocionalmente ya llevan mucho tiempo divorciados. Lo que el alma calla está en este poema.

## El silencio en nuestra alcoba

*En nuestra alcoba cálida y con olor a sándalo*
*en todos sus rincones pareciera existir una gran armonía*
*que me invade en agonía.*
*Los años han pasado y todo cambia con los días,*
*y en nuestra alcoba solo hay un silencio ensordecedor*
*que aumenta mi agonía.*
*El amor se escapa cada día por las rendijas*
*de nuestra habitación*
*y yo confundida me pregunto qué pasa con mi vida,*
*pues este silencio me tiene invadida porque ya lo he*
*vivido y sé cómo termina.*
*Que no hay que discutir, gritar o irrespetar*
*porque el amor se termina,*
*pero también el silencio duele y la soledad*
*acompañada también me intimida.*
*No hay necesidad de ser infiel,*
*tramposo o vivir en la mentira*
*para que una relación se acabe con los días,*
*basta con dar por sentado que todo ya está arreglado*
*para que se acaben los detalles*
*y la atención por el ser amado.*
*Se acaba la ternura, la caricia se va alejando*
*y los detalles solo una vez al año,*

*de intimidad ni hablar, pues,*
*tu ser amado ya es todo un extraño,*
*todo aquello en el pasado se va quedando*
*y de los piropos ni hablar,*
*pues, a un extraño nada bonito se le puede dedicar.*

—*Diana Salgado*

Y a pesar de que ya se habían padecido los síntomas del divorcio desde tiempo atrás, cuando sucede, es inevitable que surjan consecuencias, como lo leerás a continuación.

# Efectos psicológicos y emocionales del divorcio

El divorcio causa efectos emocionales antes, durante y después del divorcio, efectos que según los expertos pueden llegar a durar hasta cinco años, dejando rastros emocionales tanto en las parejas como en los hijos.

Los problemas emocionales se presentan antes del divorcio, cuando empiezan los problemas y en las noches no puedes conciliar el sueño, lloras en silencio y además estás muerta del miedo y con la incertidumbre de no saber qué va a pasar con tu vida.

Y uno de estos problemas es la baja autoestima que suele presentarse en la persona que quedó más afectada. En una de las consultas una de mis pacientes me contaba que uno de sus más grandes miedos era quedarse sola para siempre y que quizás nadie la querría por tener hijos de alguien más.

Aunque en ese momento no era lo más importante para

ella, ese pensamiento estaba en su cabeza, pues ella tenía la creencia de que una mujer divorciada ya no tenía el mismo valor, su proceso de divorcio fue bastante doloroso y por su forma de hablar me queda muy claro que su autoestima quedó muy afectada.

**Durante el proceso de divorcio aumenta la carga emocional, porque además de estar sufriendo por la ruptura del hogar, ahora estás lidiando con abogados, cuestiones legales y familia en crisis.**

Después del divorcio viene la tristeza y la soledad y en algunas ocasiones la culpa, la culpa de no haber sabido mantener a flote tu matrimonio y de que ahora tus hijos ya no estén contigo o que el papá o la mamá no estén.

Lo que el alma calla durante esta situación, son las muchas veces que perdemos las ganas de vivir, y aunque no se lo digamos a nadie, **por nuestras mentes pasa la idea de ya no estar más en este mundo o que quizás todos estarían mejor si no estuviéramos.**

La siguiente historia es de una mujer a la que llamaremos Carmen, una historia de drama y superación personal en la que ella misma relata cómo estuvo a punto de perder sus hijos en el sistema legal estadounidense, debido al comportamiento de su esposo: "A nadie he contado que durante mi divorcio perdí las ganas de vivir y en muchas ocasiones pensé en el suicidio".

## Crisis del alma: Carmen

Carmen me relató lo mucho que amaba a su esposo y cuánto lo admiraba. Carmen, una chica centroamericana, se casó con un militar estadounidense. Ella no hablaba inglés y todo era nuevo para ella en el país en el que entonces se encontraba, Estados Unidos.

Carmen dependía mucho de su esposo, sin embargo, se fue abriendo paso y empezó a tomar clases de inglés, consiguió un trabajo y poco a poco se hacía cada vez más independiente, por lo menos a valerse por sí misma. Carmen aprendió a manejar y estudió una profesión que le permitía ingresos propios.

Carmen describió las múltiples ocasiones en que sorprendió a su esposo siéndole infiel y el dolor que esto le causaba, sin embargo, un día sucedió algo inesperado. El esposo de Carmen fue sorprendido, masturbándose en público, y denunciado a la policía por alguien que lo vio.

Comenzó el terror para Carmen cuando la policía tocó a su puerta buscándolo. El esposo de Carmen había sido detenido e investigado por varias horas en el departamento de policía y luego dejado en libertad. Horrorizada, Carmen contó cómo ya no le importaba la infidelidad de su esposo con otras mujeres, sino no saber con quién realmente estaba casada. ¿Quizá con un depredador sexual o un enfermo mental?

Carmen empezó a sufrir de insomnio, a comer en exceso y por supuesto, a subir de peso de forma exagerada. Pasaron unos días y todo parecía estar en calma cuando una tarde cualquiera tocaron a la puerta y para su sorpresa, era un inspector de la agencia del servicio de protección de niños.

El agente pidió ingresar a la casa. Ella lo invitó a sentarse y comenzó la conversación más escalofriante que Carmen jamás había tenido en su vida. El agente le informó que la policía los había alertado acerca del incidente de exposición en público de su esposo. Y que, además, le habían encontrado pornografía en su computador del trabajo. Por seguridad, ellos creían que los niños no estaban a salvo en casa y debían ser retirados del hogar.

Le fue imposible contener el llanto al narrar cómo ella cayó de rodillas frente al agente, implorándole que por favor no le quitara a sus hijos, que no la castigaran por algo que ella no había hecho. Los hijos de Carmen tenían dos, siete y nueve años cuando este evento desafortunado ocurrió. La sola idea de perder a sus hijos la volvió loca y estaba dispuesta a hacer lo que fuera para no perderlos.

Le preguntó al agente: "¿qué tengo que hacer yo para que no me quiten a mis hijos?".

Claramente conmovido por el sufrimiento de Carmen, el agente contestó: "Lo que le voy a decir no se lo puede contar a nadie, porque de esto depende mi trabajo, yo puedo darme cuenta de que usted es una buena madre y que no sería justo que usted perdiera sus hijos por algo que usted no ha hecho. La única forma que hay para que este caso se cierre es que su esposo ya no viva más bajo el mismo techo que sus hijos". Carmen respondió que estaba de acuerdo.

Ese mismo día, cuando su esposo llegó del trabajo, Carmen le empacó sus cosas personales y le pidió que se marchara de la casa. Después que él se marchó de casa, Carmen me contó lo devastada, emocional y físicamente cansada que estaba. Esa misma noche, después de dormir a los niños, subió a la azotea a llorar.

En un momento, pensó en arrojarse, pues todo por lo que había luchado ya no tenía sentido para ella. Me confesó que no tuvo el valor de hacerlo, pero sí de pedir a Dios que le quitara la vida y al mismo tiempo, que cuidara de sus hijos. Durante muchos meses ella siguió subiendo a la azotea de la casa a llorar a solas, y a pedirle a Dios que le quitara la vida porque ya no quería vivir.

Sin embargo, yo me atrevo a decir que solo era una depresión bastante fuerte por la situación por la que atravesaba, ya que el deseo de no estar vivo es un mecanismo de defensa psicológico y emocional para detener el sufrimiento, creyendo que, al morir, llega el fin del dolor. Pero en realidad, no es un deseo verdadero, sino una creencia. Lamentablemente, hay personas que no logran superar el sufrimiento y llegan al suicidio.

Por eso, recomiendo siempre buscar ayuda profesional para que la transición del divorcio sea más llevadera. Y así sucesivamente hay miles de historias desgarradoras por las que pasamos durante una separación o un divorcio.

También quiero recordarte el pasaje más hermoso y esperanzador de la Biblia, en Jeremías 33:3, que dice:

*Clama a mí, yo te responderé, y te enseñaré cosas grandes y ocultas que aún no conoces.*

Es probable que en este momento no tengas ni idea de que va a pasar mañana, pero clama a Él, al señor tu Dios, y Él te responderá y te mostrará todo lo que tú hoy no conoces.

Querida lectora, si estás pasando por este proceso, solo te puedo insistir en que busques la ayuda de Dios por medio de la oración constante, y la ayuda profesional, pues lo único que cura las heridas del alma son el tiempo, la fe y tu capacidad de resiliencia para volver a encauzar tu vida, y por experiencia propia, te digo que después de la tormenta, ¡siempre sale el sol! **Nada es para siempre y tu crisis también pasará.**

Transitar por esta etapa no es nada sencillo, pero entender cada una de las secuelas psicológicas, te va a ayudar a salir adelante. Y de eso justamente hablaré en el siguiente capítulo.

# Secuelas psicológicas causadas por el divorcio

## Depresión

Perder a una persona con la que se ha compartido durante mucho tiempo una relación tan íntima genera síntomas de tristeza, soledad, posibilidad de aislamiento, pérdida de actividades gratificantes, sentimientos de culpa, desesperanza, desilusión respecto al futuro, así como un incremento de las situaciones estresantes a las que se ha de hacer frente.

La depresión es una de las afectaciones psicológicas más fuertes que puede traer un divorcio, llevando a la persona hasta llegar a desear su propia muerte. Suena muy fuerte, sí, pero es muy real, sobre todo cuando la persona no deseaba divorciarse y más aún cuando sigue enamorada de quien la está abandonando. En consulta he atendido a personas devastadas por el divorcio que me dicen: ¡ya no quiero vivir!

Querida lectora, si este tipo de pensamientos ha llegado a

tu mente, te ruego, busca ayuda profesional o cuéntaselo a alguien. Si no son controlados a tiempo, este tipo de pensamientos suelen tomar posesión de la mente y tomar mucha más fuerza.

Parafraseo las palabras de Edwin Shneidman: **"el suicidio es una solución permanente a un problema temporal"**. Y lo es porque "suele ocurrir en situaciones de emergencia psicológica, en las que se reduce la capacidad de manejar situaciones estresantes". Pero la realidad es que, después de la tormenta, siempre sale el sol.

## Ansiedad

Es una de las reacciones más comunes durante una separación o un divorcio y con frecuencia es necesario recurrir a terapia psicológica. Muchas veces termina con medicación ansiolítica para afrontar los síntomas de ansiedad que puedan tener. Recuerda que los ansiolíticos sólo curan los síntomas, no el problema.

¿Cómo darse cuenta? Algunos de los síntomas de la ansiedad son:

- Falta o exceso de apetito.
- Insomnio.
- Irritabilidad.
- Dificultad para respirar.
- Preocupación excesiva.

- Fatiga.
- Dificultad para concentrarse.

## Trastorno de estrés postraumático

Este síntoma se produce principalmente en situaciones de violencia de género. Una separación conflictiva en este caso es un evento muy traumático. Este tipo de trastorno se presenta de diferentes formas, entre las que destacan:

- Pesadillas recurrentes.
- Miedo excesivo.
- Pensamientos recurrentes sobre el suceso vivido.
- Aislamiento social.
- Insomnio.

Si presentas algunos de estos síntomas, es necesario pedir ayuda psicológica, buscar grupos de apoyo y también, hablarlo con tu familia o alguien con quien sientas confianza.

## Baja autoestima

Los problemas de pérdida de autoestima y la sensación de falta de valía personal también son comunes, principalmente en aquellas separaciones conflictivas. Durante un divorcio o separación, las personas involucradas suelen mostrar su peor versión y suelen decir o hacer cosas hirientes para lastimar a la otra persona.

Si a ti, querida lectora, te han menospreciado diciéndote que no vales nada, que estás fea o que mejor hubiera sido nunca conocerte, recuerda que esas palabras están saliendo de la boca de alguien que está enojado. **Esas ofensas son solo el producto de la rabia, de la falta de control emocional y obvio, de la falta de madurez y, por lo tanto, no tienen nada que ver contigo.**

**Tu valor solo te lo puedes dar o quitar tú misma** porque viene de adentro y no de afuera. La autoestima es el significado de la autovaloración y, por lo tanto, solo tú tienes el control.

## Inadaptación

La persona puede aislarse, sentir un desgano generalizado que le impida la participación en actividades agradables y comunitarias que mejoren su apoyo social. Se alteran las relaciones familiares y las relaciones sociales, pudiendo agravarse con dificultades económicas y problemas para encontrar o mantener un trabajo estable. Este efecto nadie que se haya divorciado se lo puede saltar, pues es parte del proceso.

Las primeras invitaciones a fiestas después de un divorcio suelen ser bastante difíciles, porque esta vez irás sin la compañía de la que era tu pareja y con la que ibas a todas partes, hasta sientes que las personas te miran y te tratan de forma diferente.

Hay un tipo de exclusión social por parte de los que antes eran amigos tuyos y de tu exmarido. Por ser mujer, para algunas amigas puedes pasar a ser alguien de quien hay que cuidar el marido, porque ahora eres parte de las solteras del grupo y posiblemente encuentres entre los caballeros miradas diferentes. Antes te miraban como la esposa del amigo y ahora te ven como la señora sola, que tal vez esté necesitada de cariño. De la relación con amigos y familiares y su importancia hablaré más adelante.

## Consecuencias en los hijos

En la mayoría de estas situaciones **el divorcio termina causando diferentes síntomas psicológicos que afectan a todos en casa, tanto padres como hijos.** Aparecerán en ellos síntomas de ansiedad, como respuesta anticipatoria a la amenaza futura que implica la separación.

También de intranquilidad mental e inestabilidad emocional, así como pensamientos de incertidumbre, nerviosismo, agitación y más sensaciones que, en el caso de niños, puede llevarlos a una pérdida en la calidad de salud mental. En ellos surge el miedo, como amenaza real: "mis padres se separaron", y también imaginaria: "mis padres se van a separar".

Asimismo, pueden aparecer alteraciones de conducta, teniendo comportamientos extraños, tanto en casa, como con los amigos o en la escuela. Se les presentan también dificultades para concentrarse. Se encuentran nerviosos, están más retraídos o, por el contrario, agresivos y se muestran ensimismados en situaciones en las que antes no lo estaban.

## Crisis del alma: Claudia

Te comparto ahora la historia de Claudia, otra de mis pacientes, una mujer de cincuenta y cinco años que relata la historia de un matrimonio de treinta años en los que fue abusada desde la misma noche de bodas. Cabe mencionar que Claudia ya no se encuentra casada, lleva más de diez años soltera y por obvias razones, se niega a disfrutar de los placeres del género masculino.

Ella se casó a los veinticinco con un hombre quince años mayor que ella, contra la aprobación de sus padres, pero ella dijo haber estado tan enamorada que no le importaron los consejos que recibía en casa. Su papá, como última advertencia, para tratar de convencer a Claudia de que estaba cometiendo un error, le dijo: "si tú te casas con ese hombre, no quiero que nunca vengas aquí con nosotros a quejarte porque bien que te lo advertimos".

"Y sí, efectivamente me casé", me contó Claudia. Fueron de luna de miel a un lugar muy hermoso en las playas del Caribe, donde ella sentía que estaba viviendo el mejor sueño de su vida, pero a las pocas horas Claudia se dio cuenta de que todo lo que los papás le decían era verdad. Esa noche, su esposo se pasó de copas en el bar del hotel, acusándola de coquetear con otro hombre, lo que lo llevó perder el juicio y a tomar a Claudia por el brazo para, a empujones, llevarla hacia el cuarto.

Aun después de tantos años, Claudia aún llora cuando cuenta esta historia. Aquella mujer joven y hermosa que estaba viviendo el sueño de su vida y que había guardado su virginidad para el hombre que fuera su esposo, fue tomada esa noche por la fuerza. Sí, Claudia fue violada sexualmente por su propio esposo y no solo eso, también fue golpeada físicamente.

Claudia tenía muy presente todavía en su mente aquel último pleito que tuvo con su padre cuando él sentenció que no quería que regresara a casa a quejarse de lo que ese hombre le hacía. Y así fue, Claudia se guardó ese secreto.

Al día siguiente, el esposo de Claudia le pidió perdón de rodillas, haciendo responsable al alcohol por lo sucedido. Claudia cuenta que no tenía otra opción más que concederle el perdón a su esposo violador, porque no tenía con quién ir a quejarse, ya se lo habían advertido.

Claudia recuerda esos treinta años de casada como el peor tormento de su vida, treinta años de golpes, abusos sexual, verbal y emocional. Además del abuso, Claudia no tenía el valor de contarle a nadie lo que estaba viviendo.

Con el transcurso de los años, Claudia se volvió una experta en la mentira y en el maquillaje para ocultar los moretones en sus brazos y en la cara. Se alejó de su familia para no tener que dar explicaciones o inventar acerca de lo que se podía ver físicamente, se le habían acabado las excusas: "tropecé con la puerta", "me golpeé con la pared", "es que me caí".

Claudia tuvo dos hijos de ese matrimonio. El embarazo del segundo hijo fue producto de una violación. De alguna manera, ella se acostumbró a los golpes, a las malas palabras y a los malos tratos, pero nunca a la vida sexual con su esposo. Cada vez que él llegaba a casa y Claudia sabía que esa noche tendría que atenderlo íntimamente, ella bajaba las escaleras, iba a un minibar que tenían en la sala y se tomaba una copa de *whiskey*. Esto pasaba casi todas las noches, según ella esa copa la adormecía y no sentía al hombre repulsivo con el que le tocaba intimar.

Claudia me narró detalladamente cómo en cada encuentro sexual con su esposo, mientras él disfrutaba de su cuerpo, a ella simplemente le rodaban lágrimas por las mejillas. Además de la copita que antecedía la intimidad, mientras sucedía el acto, Claudia se transportaba mentalmente a otros lugares o pensaba en cualquier otra cosa para evitar el sufrimiento y la repulsión que esto le causaba.

Probablemente, tú, querida lectora, hayas pasado o estés pasando por esta situación y de antemano quiero decirte que comprendo tu tristeza, tu dolor, tu soledad y la sensación de desamparo que puedes estar sintiendo en este momento. Y me atrevo a decirte esto porque yo también la he pasado, así que todos los síntomas antes descritos, ya los viví. Por eso, también quiero compartir contigo que hay esperanza, porque nada es para siempre y el dolor y el sufrimiento también tienen final.

## Efectos psicológicos

Mi alma angustiada lloraba en silencio mientras él dormía
con gran tranquilidad,
la que a mí me faltaba para descansar,
La ansiedad me quitaba todo el apetito y no me permitía
mi cuerpo alimentar,
mi cuerpo delgado y mi apariencia desaliñada mostraba
mi gran verdad,
esa que yo siempre quise ocultar,
me alejaba de la familia y de la sociedad
para que nadie se enterara de mi gran debilidad,
que por amar a alguien perdí mi dignidad.
la baja autoestima no se hizo esperar
Pues yo misma me rechazaba,
Por tal tormento soportar,
me sentía sin valor y sin fuerzas para luchar,
y un día, vaya sorpresa que me vine a encontrar,
cuando sin pensarlo me paré frente al espejo y me dieron
ganas de llorar,
porque de aquella mujer hermosa
que tanto se arreglaba y se peinaba
Ya no lograba encontrar,
me perdí a mí misma en el intento de una familia formar,
Caí tan bajo que sentía que nadie me volvería a amar
Y por miedo al abandono,

*Amé desde el apego*
*Y entregué mi libertad*
*Permitiendo que alguien más le diera sentido a mi vida*
*porque yo simplemente era incapaz.*
*Y es por eso que hoy renuncio a este sentimiento*
*que me hace llorar*
*y renuncio al apego de este amor*
*y empiezo a vivir en libertad.*

*—Diana Salgado*

Si bien revisamos al principio algunos conceptos sobre matrimonio y divorcio, es importante reconocer que hoy encontramos nuevos modelos de familia válidos para muchas mujeres y parejas, como el caso de Juan y María, que revisaremos juntas a continuación.

# Nuevos modelos de familia

La separación conyugal o divorcio tiene, entre sus resultados más visibles, la formación de nuevos modelos de familia. Por ejemplo, las familias monoparentales y reconstituidas. Estos tipos de familia presentan características muy peculiares: en ellas no se trata de edificar un nuevo grupo que elimine la vida anterior, sino que se crea o se configura una dinámica diferente.

Se trata de una organización que trae grandes retos a sus integrantes. La familia monoparental es cuando solo hay una mamá o un papá, y en la mayoría de las veces este tipo de familia está a cargo de nosotras las mujeres, y pasamos a ser cabeza del hogar, quedando sin alternativa para asimilar e incorporar con rapidez los cambios que ocasiona el divorcio en el funcionamiento familiar.

Las familias reconstruidas son aquellas que están formadas por un hombre y una mujer que han estado casados o en pareja previamente y que tienen hijos de su relación anterior. Y así, como dice la frase los tuyos, los míos y los nuestros.

Y si una pareja está casada por primera vez, donde los hijos son de ambos, las cosas se ponen difíciles, no logro imaginarme cómo funciona la dinámica de una familia reconstruida. Y para ejemplificar les voy a contar la historia de uno de mis pacientes al que, por motivo de privacidad, cambiaré su nombre y lo llamaré Juan.

## Crisis del alma: Juan

Juan es un hombre de 40 años, divorciado y con dos hijos a su cargo. Durante el proceso de un largo divorcio conoció a una chica a quien llamaremos María. Ella es una madre soltera con un matrimonio previo y con dos hijos fruto de esa relación. Juan decidió juntarse con María y ambos llevaban sus hijos consigo, o sea, que tienen cuatro hijos en total.

Para las que tenemos hijos podemos entender claramente que cuatro hijos es un reto bastante grande, económico, emocional y de mucho trabajo. Inmediatamente después de que Juan y María se juntaran, María quedó embarazada, lo cual fue motivo de gran preocupación para Juan.

Mientras Juan me relataba su historia podía ver cómo sus ojos se inundaban de lágrimas. Cuando le pregunté qué es lo que generaba ese sentimiento, él respondió: "Desde el comienzo sabía que me estaba equivocando y que no era el momento correcto para empezar una nueva relación y mucho menos para tener otro hijo".

Yo le dije: "Si sabías que te estabas equivocando, ¿por qué de todas formas lo hiciste?". Y él contestó: "Me sentía tan solo y desesperado que pensé que la mejor opción era estar con María, ya que ella me brindaba compañía y apoyo con mis dos hijos, yo tenía que salir a trabajar y no tenía quien me ayudara con ellos, y pensé que entre los dos podríamos apoyarnos mutuamente en la crianza de nuestros hijos y al mismo tiempo tener la compañía que ambos tanto necesitábamos, pero no fue así".

Continuó diciendo: "Realmente llegué a enamorarme de María, era una mujer muy buena conmigo y, de verdad, en cuestiones de pareja nos entendíamos muy bien, sin embargo, cuando se trataba de nuestros hijos empezaron las peleas y las discusiones. Yo quería reprender a sus hijos y ella no me lo permitía y se ponía como una leona, y para ser honesto a mí me sucedía exactamente lo mismo, cada vez que ella trataba de corregir a mis hijos yo salía a defenderlos, aunque ellos estuvieran equivocados".

"Total de que esta familia integrada terminó convirtiéndose en todo menos en integración, y terminamos siendo dos bandos. En uno está María y sus hijos, y en el otro, estoy yo con mis hijos, y de por medio, el bebé a punto de nacer. Me estoy volviendo loco y lo peor es que no sé qué hacer".

Juan continuó con su terapia cuando el nuevo integrante de la familia había llegado. La situación seguía siendo la misma, hasta que decidieron hablar sin caretas ni gritos, pudiendo llegar a una serie de acuerdos por el bien de los dos y, por supuesto, de sus cinco hijos. Ambos tuvieron que ceder en cuanto a sus expectativas y exigencias.

Así es, querida lectora, como en toda negociación, **en la vida de pareja hay que dar para recibir, hay que ceder para alcanzar un buen acuerdo y hay que comunicarse para mantener la armonía.**

Ahora tocaremos un tema delicado, poco hablado y que muchas mujeres hemos experimentado cuando la intimidad no significa lo mismo para ellos que para nosotras.

# Violación emocional

'Violación emocional' es un término que utilizo para describir la sensación de abuso emocional en una relación de pareja. Se asemeja a una violación, donde los derechos son ignorados. En una violación sexual, una persona fuerza el cuerpo de otra, sin respetar su consentimiento. En el caso de la violación emocional, una de las partes abusa de la vulnerabilidad del otro.

Hablemos primero del impacto de la pornografía en el matrimonio, especialmente de cómo nos afecta a nosotras, las mujeres, cuando descubrimos a nuestros esposos masturbándose mientras ven pornografía. Para ellos, es un acto de placer, pero para nosotras, equivale a una traición, similar a descubrirlo con otra mujer.

Lo crucial es lo que sucede después, y para ilustrarlo, relataré la historia de una paciente, valiente mujer que, en nombre de la familia, el hogar, el amor y las creencias religiosas, permitió el abuso.

## Crisis del alma: Erika

Erika, una mujer hermosa de mediana edad, estaba en una relación matrimonial aparentemente sólida y amorosa. Tras una discusión con su esposo, Erika se despertó con la intención de enmendar las cosas. Preparó el desayuno con ánimo de empezar el día de manera positiva, pero al regresar a la habitación, encontró a su esposo mirando pornografía y masturbándose. La sorpresa y el miedo la abrumaron, y al relatarlo, no pudo evitar derramar lágrimas.

Cuando le pregunté qué le atemorizaba más, Erika respondió: "En mi mente, se desencadenaron muchas preocupaciones". En pocas palabras, su mayor temor era la incertidumbre: no saber si su esposo veía pornografía, fantasías con otras mujeres o incluso si tenía relaciones con alguien más. Erika tenía miedo de que su matrimonio estuviera en peligro.

Erika y su esposo tuvieron una conversación en la que él se excusó culpando a Erika por provocar su frustración, que lo llevó a masturbarse. Erika simplemente quería saber si él aún la amaba y le era fiel. Ese día, ella deseaba acomodar las ideas sin intimidad, mientras que su esposo ansiaba reafirmar su relación a través de la intimidad física. Así comenzó lo que llamo 'abuso sexual permitido', que se convirtió en una constante en su vida.

Erika cedió. Me describió con dolor y lágrimas cómo aquel encuentro íntimo, que solía ser un acto de amor, se convirtió en una experiencia tortuosa. Cada caricia se sentía como una afrenta, ya que la distancia emocional era abismal.

Las manos que solían brindar seguridad ahora eran como lija entre sus piernas. Partes de su cuerpo se adormecieron, especialmente sus zonas íntimas, ya que su mente estaba ausente. Mientras su esposo disfrutaba del encuentro, a Erika le rodaban lágrimas por las mejillas. Eso no era intimidad, sino un abuso sexual permitido en nombre del amor, el matrimonio y la familia.

Agradezco a Erika por compartir su historia, un ejemplo más de violación emocional, donde una mujer es maltratada física, verbal y sexualmente por su propio esposo. Como mujer, cada historia me llena de empatía y me hace reflexionar sobre el dolor que estas mujeres han soportado.

En honor a ellas, he escrito un poema titulado *Máscaras de hipocresía*, que refleja la hipocresía necesaria para tolerar la ira, el asco y el resentimiento, y recibir nuevamente al hombre que las ha maltratado debido a creencias arraigadas y falta de valentía para alejarse.

# Máscaras de hipocresía

*Hipócrita me dicen por actuar como no soy,*
*Y sí, soy hipócrita porque río cuando siento dolor,*
*porque me quedo cuando huir es lo que siente mi corazón,*
*porque te amo cuando siento rencor,*
*porque te abro los brazos aun cuando cierro mi corazón*
*hipócrita sí soy porque uso mil máscaras*
*para ocultar mi dolor*
*tengo máscaras para toda ocasión,*
*incluso para tu traición*
*uso la máscara del olvido para atraer tu atención*
*y también tengo una que uso de antídoto para el amor.*
*También tengo máscaras para el cuerpo*
*que te muestran mi perdón,*
*pero en realidad sangra mi corazón,*
*Tengo máscara para mis manos que te acarician sin razón*
*y debajo de mis máscaras tengo un gran corazón y un*
*alma pura, noble y sincera*
*que me acompañan donde voy mis máscaras*
*de hipocresía tienen un error*
*porque cualquiera que me ame de verdad*
*podrá conocer en realidad quién soy*
*porque ante la lealtad, la fidelidad y el amor,*
*mis máscaras se desvanecen dejando*
*al descubierto mi corazón*

*Amo ser hipócrita porque me ayuda*
*a controlar mi emoción*
*salvaguardando mi alma de la amargura,*
*el rencor y el dolor*
*y en muchas ocasiones me ha llevado al perdón.*

*—Diana Salgado*

A partir de aquí, te comparto mis secretos y pasos para salir adelante, no solo lo que a mí me ha funcionado, sino también lo que, a través de mi práctica profesional como psicoterapeuta, sé que te puede ayudar.

# Primer paso:
# Supera la ansiedad

Te invito a responder las siguientes preguntas y descubrir las respuestas sobre tu situación emocional actual. Además, te proporcionaré algunos consejos físicos y psicológicos para manejar y prevenir la ansiedad que puedas estar experimentando.

## Consejos psicológicos para superar la ansiedad

¿Te maltratas emocionalmente a ti misma? Si te criticas severamente cuando te sientes frustrada, triste o desesperada, estás dañando tu autoestima y generando ansiedad y depresión. Evita ser tan dura contigo misma; los errores y malas decisiones son parte del ser humano. Practica la paciencia y la autoaceptación, repitiendo en tu mente afirmaciones amorosas y positivas. No te maltrates y corrígete cuando te des cuenta que estás pensando frases como: "soy una tonta, es que soy muy bruta, me lo merezco".

**Conviértete en detective de tus pensamientos.** Durante momentos de angustia, nuestros pensamientos tienden a enfocarse en lo negativo, lo que puede desencadenar síntomas físicos de ansiedad. Observa tus pensamientos y reviértelos. Por ejemplo, si sientes rabia, cambia tu pensamiento negativo por uno positivo y amoroso para calmar tu cuerpo y reducir la ansiedad. Te comparto algo que yo uso constantemente: si me descubro teniendo un pensamiento de rabia, cambio mi pensamiento diciendo, "esta no soy yo, yo soy una mujer amorosa que sabe y puede perdonar".

**Comprende la relación entre pensamientos y sentimientos.** Los sentimientos surgen de emociones que procesamos cognitivamente. Nuestros pensamientos influyen en nuestros sentimientos; pensamientos catastróficos generan ansiedad, miedo y tristeza, afectando nuestro cuerpo.

**Elimina los pensamientos que generan ansiedad.** Cuando identifiques pensamientos negativos y ansiosos, utiliza afirmaciones como "NO" seguido de tu nombre para calmarte. Esta técnica señala a tu mente y cuerpo que deben tranquilizarse, convirtiéndola en un hábito de pensamientos positivos.

**Crea pensamientos positivos y agradables.** Evita palabras y frases que generen desagrado. Cambia "tengo que" por "elijo", transformando la obligación en opción. Reemplaza pensamientos incómodos o negativos con afirmaciones positivas que te generen paz y bienestar.

## Consejos físicos para vencer la ansiedad

**Encuentra tiempo libre.** Regálate tiempo para ti, incluso unos minutos extra en la ducha o durante el almuerzo. Practicar esto varias veces al día te permitirá disfrutar de hasta 30 minutos de tranquilidad diaria.

**Realiza inspiraciones y espiraciones profundas.** El ejercicio de respiración 4-7-8 es efectivo para calmar la ansiedad. Inhala durante 4 segundos, retén el aire durante 7 segundos y exhala durante 8 segundos.

**Haz ejercicio para recuperar la confianza.** Establece una rutina de ejercicio, como caminar durante 20 minutos al día o unirte a un gimnasio para socializar.

**Mantén una dieta saludable y regular.** Presta atención a tu alimentación, reduce la cafeína y las bebidas energéticas, que pueden aumentar la ansiedad.

La ansiedad puede desafiarte, pero con estos consejos psicológicos y físicos, puedes aprender a manejarla y mejorar tu bienestar emocional.

Y si no sabes si divorciarte es la mejor decisión, o si ya lo hiciste y tienes dudas, mi siguiente secreto es ideal para ti.

# Segundo paso: Evalúa antes de decidir si te quedas o te vas

Decidir si debes quedarte o irte de una relación es una elección personal y trascendental. No existe una respuesta única, ya que cada relación es única y está influenciada por diversos factores. Al considerar si continuar juntos tiene sentido, es fundamental indagar en el propósito de seguir en una relación de pareja.

A continuación, te proporciono una guía que te ayudará a evaluar tu situación y encontrar la respuesta que necesitas:

## Revisa tus sentimientos y necesidades

Reflexiona sobre tu felicidad, satisfacción y si se cumplen tus necesidades emocionales y personales en la relación. Asegúrate de sentirte respetada y valorada.

## Comunica tus preocupaciones de forma clara

Mantén una conversación abierta y sincera con tu pareja acerca de tus inquietudes y emociones. La comunicación efectiva es esencial para resolver problemas en una relación.

## Considera la historia de la relación

Reflexiona sobre la historia de la relación. ¿Ha habido patrones recurrentes de conflictos? ¿Han intentado resolver problemas en el pasado? Si los problemas persisten y no se solucionan, busca ayuda terapéutica.

## Evalúa la salud emocional y la seguridad

Asegúrate de que la relación sea emocionalmente saludable y segura. Si experimentas abuso en cualquier forma, tu seguridad debe ser la prioridad.

## Reflexiona sobre tus metas y valores personales:

Considera tus objetivos personales y valores. La relación debe estar en sintonía con tus metas y valores personales para ser satisfactoria.

## Busca apoyo externo

Habla con tu guía espiritual o pastor de tu iglesia, con amigos de confianza, familiares o un terapeuta para obtener perspectivas externas. De manera muy personal, te recomiendo que pongas tus dudas y tu dolor en oración, pues solamente Dios te podrá dar las respuestas que necesitas. Recuerda que la decisión final es tuya, y debes asumir la responsabilidad de sus consecuencias.

## Considera las implicaciones a largo plazo

Piensa en cómo afectará tu vida la decisión de quedarte o irte. Evalúa el impacto en tu bienestar emocional, financiero y social.

## Evalúa los esfuerzos de mejora

Si han enfrentado problemas, considera si ambos están dispuestos a trabajar en la relación. La voluntad de mejorar es crucial.

## Confía en tu intuición

Escucha tu intuición; si algo no se siente bien, presta atención a esa sensación. No dejes que los problemas se acumulen sin abordarlos.

## Toma tu tiempo

No te apresures en tomar una decisión. Dedica el tiempo necesario para evaluar la relación y tus sentimientos. La ayuda terapéutica puede ser valiosa para aclarar tus emociones antes de tomar una decisión definitiva.

Recuerda, en última instancia, la elección de quedarte o irte debe apuntar hacia tu felicidad y bienestar. Evita decisiones impulsivas y busca apoyo para decidir informadamente.

Crecer junto a tu pareja, respetar diferencias y compartir metas es un ideal admirable. Pero el conflicto es inevitable; sin embargo, son pruebas que valen la pena superar. La convivencia puede caer en una rutina dañina, donde el contacto emocional escasea y comienza el divorcio psicológico.

Desafortunadamente, algunas personas permanecen en malos matrimonios por conveniencia económica, miedo, o preocupación por los hijos. A veces, se quedan por incapacidad emocional y financiera para vivir solos, especialmente en el caso de mujeres sin empleo o formación.

Otras veces, es por creencias religiosas o temor al juicio social y la crítica. No hay buenos ni malos, sino falta de habilidades de relación.

Nadie se despierta pensando en hacer daño intencionado a su pareja; a menudo herimos sin querer. Te invito a evaluar tu relación, a sopesar pros y contras. No decidas por conveniencia u obligación. Si eliges quedarte, considera terapia de pareja o consejo de personas cercanas para tomar una decisión sabia.

**Pregúntate: ¿Por qué me quedo? o ¿por qué me voy?** Las respuestas revelarán tu camino.

Si en la pregunta ¿para qué me quedo? encuentras razones válidas para ti y, sobre todo, que sobre guarden tu integridad física y emocional, entonces valdría la pena quedarte, pero si las razones son de miedo, de inseguridad o interés, te invito a que te preguntes si vale la pena sacrificarse por algo que tarde o temprano te va a traer más dolor del que estás teniendo ahora.

Si en la pregunta ¿para qué me voy? encuentras respuestas asociadas a salvar tu integridad física, emocional, espiritual, y por el bienestar de los hijos, entonces estarás teniendo razones de peso para tomar la decisión de irte.

Si decides irte, prepárate emocional y financieramente. Asegúrate de tener empleo y refugio antes de tomar la decisión.

No dejes que tus hijos sufran; busca apoyo emocional y refugio. En este proceso, tendrás miedo, soledad y desesperación. Necesitarás ayuda espiritual y apoyo de seres queridos.

Durante esta etapa, tu salud emocional se reflejará en tu cuerpo. Mantén la fortaleza para las situaciones venideras, que serán muchas. Lucha por tu felicidad y bienestar emocional, no dejes que esta situación te aleje de tus sueños.

Tú eres dueña de tu vida y responsable de tu felicidad. Asegúrate de que tu elección sea para tu bienestar y el de tus hijos. Nadie sale ganando, pero con paciencia y fe, te recuperarás de este proceso doloroso.

La decisión depende de tus circunstancias personales. Si decides irte, busca apoyo emocional y terapéutico.

**Recuerda: el dolor es inevitable, pero el sufrimiento es opcional.**

## Me quedo o me voy

*Mi mente inquieta está por no saber qué hacer*
*y mis principios me dicen que el problema*
*hay que vencer,*
*el miedo se asoma cada amanecer*
*cuando despierto angustiada y con ganas de correr,*
*me siento presa de lo que antes fue una fortaleza*
*hermosa que me había de proteger*
*y que sin darme cuenta poco a poco*
*desamparada me quede.*
*Mi corazón argumenta que me debo de querer*
*y que lo único que realmente importa es mi ser.*
*Mi cuerpo habla gritos cuando en el espejo se ve,*
*las ojeras en el rostro ya no puedo esconder*
*porque mi dolor es tan grande*
*que me empieza a vencer,*
*me quedo o me voy es lo que mi alma*
*se pregunta cada atardecer*
*cuando se siente vacía y el querer empieza a doler.*
*Hoy me he dado cuenta de que el amor no debe de doler*
*y sin importar lo que la razón o el corazón*
*me digan consciente estoy de que me debo querer*
*y mi vida proteger.*

—Diana Salgado

Cuando la palabra divorcio surge en mi consultorio, siempre se acompaña de sentimientos asociados a la pérdida de tranquilidad. Es tan importante, que tengo dos secretos para ti relacionados a ese tema. A continuación, descubrirás uno de ellos.

# Tercer paso: Valora tu tranquilidad

## ¿Cuánto vale mi tranquilidad?

**La tranquilidad no tiene precio, es un tesoro invaluable.** No se puede medir en términos materiales, ya que su valor es único para cada persona. La paz interior y la tranquilidad emocional son elementos esenciales para una vida plena y satisfactoria. A veces, es necesario tomar decisiones que aseguren tu tranquilidad, incluso si eso significa renunciar a cosas materiales, a personas o a situaciones que generan estrés.

Invertir en tu bienestar emocional y encontrar un equilibrio en la vida es algo que no tiene comparación en términos monetarios. ¿Cómo encuentras tu tranquilidad? Cuesta tener la valentía para decir basta, cuesta tomar el coraje para marcharte, cuesta mucho amor propio para saber reconocer que no te mereces lo que estás viviendo, cuesta trabajo personal, cuesta desprendernos de algunos pesos para buscar ayuda si es necesario.

Te pregunto, ¿cuánto vale tu tranquilidad, tu autoestima y tu amor propio? Solo tú lo sabes, porque no los venden en la tienda de la esquina.

Y con esto no te estoy aconsejando que a la primera de cambio salgas corriendo y te divorcies. Mi única intención es llevarte a pensar y a darte cuenta si vale la pena estar en un mal matrimonio, o si vale la pena tratar de rescatar esa relación que ya tienes. **La mayoría de las veces el ego nos dice que salgamos corriendo,** y yo te pregunto ¿qué estás aprendiendo? Si no nos llevamos un aprendizaje de la situación de la que salimos, probablemente repetiremos la misma historia.

Al salir de un mal negocio, de un mal matrimonio o cualquiera que sea la situación de la que te estés retirando, es importante hacer una introspección y darnos cuenta en qué parte de la situación tú has sido responsable para que suceda.

Cuando tomamos responsabilidad de lo que nos ha ocurrido es mucho más probable que esa situación no se repita, porque ya vamos a saber dónde nos equivocamos. Sin embargo, hay que tener mucho cuidado porque es muy probable que después de la toma de consciencia venga la culpa y la culpa, según el diccionario de la Real Academia Española (RAE), es "imputación a alguien de una determinada acción como consecuencia de su conducta".

En esta parte es muy importante tener cuidado con la culpa:

una cosa es la toma de responsabilidad y otra muy diferente es la culpa. No es bueno caer en la culpabilidad, porque con ella viene el dolor, la tristeza y el arrepentimiento. Estarías cargando con todo lo sucedido y recuerda que en esa situación no estabas sola, eras tú y alguien más, lo que no te hace responsable solo a ti de lo sucedido.

**La culpa puede llevarte a la depresión y a la baja autoestima.** Cuando sentimos culpa, nuestra mente está tratando de asimilar el porqué de nuestras acciones, si ya sabíamos que estaban mal o que podía ser mejor.

La culpa puede tener dos objetivos distintos: la culpa como sentimiento positivo nos puede ayudar a actualizarnos para no cometer los mismos errores una y otra vez. La culpa como sentimiento negativo generalmente es aprendida en la infancia por la sociedad, familia y amigos y lo único que nos trae es sufrimiento.

En toda situación, bien sea una pelea, un negocio que no prospera, o un mal acuerdo, siempre hay algo que aprender. Y si decides tomar la decisión de divorciarte, procura descubrir qué has aprendido porque lo más fácil es salir corriendo, pero procura llevar contigo algo aprendido, para que lo que te ha sucedido no lo tengas que volver a vivir. Porque como dice Albert Einstein: "locura es hacer siempre lo mismo y esperar resultados diferentes".

La tranquilidad no tiene precio, la paz interior es gratis y la felicidad se crea. Permítete ser la creadora de tu propio destino para que no tengas que ponerlo en manos de alguien más. Te invito a que seas la protagonista de tu propia historia para que no tengas que ser nunca la sombra de alguien más.

## ¿Cuánto vale mi tranquilidad?

*Mi tranquilidad tiene precio y estoy dispuesto a pagarla*
*pues de ahora en adelante ya no me importa nada,*
*si me juzgan y critican todo se me resbala*
*porque me he llenado de autoestima*
*y confianza acumuladas.*
*El precio ha sido alto y he tenido que pagarla,*
*tomando decisiones para salvaguardar mi alma*
*de rencores, miedos y personas que*
*solo daño me causaban.*
*Aprendí a decir que no y perdí el miedo al ser rechazada.*
*Ahora me miro en el espejo con los ojos del alma,*
*esos que solo saben ver belleza,*
*aunque la piel esté arrugada.*
*Pago el precio de mi tranquilidad*
*tan solo dando gracias al Dios que me acompaña*
*que es grande, generoso y me regala el mañana*
*para seguir viviendo en libertad*
*y con tranquilidad en mi alma.*
*Y ahora tengo claro que el valor*
*es lo de menos cuando la ganancia es tanta.*

—*Diana Salgado*

No basta con valorar nuestra tranquilidad. También es indispensable recuperarla. A continuación, en el cuarto paso, te digo cómo.

# Cuarto paso: Recupera tu tranquilidad emocional

Me preguntó una paciente si mi poder venía de afuera. Tras pensarlo, me di cuenta de que el poder estaba dentro de mí y entonces brillé más que nunca.

**Recuperar la tranquilidad emocional puede ser un proceso gradual, lento y de mucho trabajo emocional.** A continuación, te dejo algunas sugerencias que podrían ayudarte a recuperar tu tranquilidad y tener equilibrio emocional:

## Autoconocimiento

Reflexiona sobre tus emociones, identifica las fuentes de tu malestar y comprende cómo reaccionas ante ciertas situaciones. Cuando identifiques de dónde viene la emoción que te está perturbando, entonces podrás hacer algo al respecto.

Es como cuando te sientes incómoda y sientes un dolor, pero no logras identificar de dónde viene, entonces, ¿cómo saber que medicina necesitas? Si reconoces que es un dolor de cabeza, sabrás cuál es la pastilla adecuada para aliviar ese dolor, de lo contrario te seguirá doliendo hasta que ya no aguantes más y entonces el problema se habrá salido de control.

## Aceptación

Acepta tus emociones sin juzgarte. Todos experimentamos altibajos emocionales, y es normal sentirse vulnerable en ciertos momentos. Está bien no estar bien de vez en cuando, lo importante es estar conscientes de nuestras emociones y que aprendas a autorregularte emocionalmente por medio de herramientas psicológicas. Si no las tienes todavía puedes buscarlas por medio de la terapia, asistiendo a talleres de superación o leyendo libros de autoayuda.

Te recomiendo que seas empática contigo misma y no criticarte o ponerte adjetivos calificativos que te degraden o te hagan sentir peor de lo que ya te estás sintiendo.

## *Mindfulness* y meditación

Practica la atención plena para estar presente en el momento actual. La meditación puede ayudarte a calmar la mente y reducir la ansiedad, lo que llamamos en la terapia Gestalt, "vivir en el aquí y el ahora". La mayoría de las personas desperdiciamos lo único que tenemos: el momento presente, porque el pasado ya se fue y el futuro todavía no llega.

Parece tan fácil, pero en realidad es lo que más nos cuesta trabajo. Tenemos el regalo de la vida y lo dejamos escapar por la ilusión del futuro o por la nostalgia del pasado, cuando la misma palabra lo dice, PRESENTE, porque es un regalo. Vivimos esperando que alguien nos regale algo y, sin embargo, el mayor y mejor regalo se nos escapa sin darnos cuenta.

Hoy te invito a que cada segundo que respires agradezcas por el momento presente y que lo vivas intensamente. ¡Vive el regalo de la vida! ¡Vive presente! ¡AQUÍ Y AHORA!

## Cuidado personal

Dedica tiempo a actividades que te traigan alegría y relajación, ya sea leer, hacer ejercicio, pintar, o lo que te haga sentir bien. Hacer cosas para ti mismo o para tu satisfacción personal no es ser egoísta, por el contrario, es la demostración de amor más grande que te puedes dar a ti misma, el amor más puro y sincero es el que tú misma te provees.

## Conexiones sociales

Comparte tus pensamientos y sentimientos con personas de confianza. El apoyo social es fundamental para superar momentos difíciles. Sobre todo, durante un divorcio es muy necesario contar con el apoyo de personas cercanas a ti, tener alguien con quien hablar y salir a distraerte.

Compartir una taza de café no solo te ayudará a sacar las emociones que estés sintiendo, sino que también ayudará a disipar tu mente de pensamientos agobiantes. Salir de casa y tener un motivo para arreglarte le dará un sentido a tu día.

## Establece límites

Aprende a decir no y establece límites saludables en tus relaciones y responsabilidades. Esto te ayudará a evitar el agotamiento emocional. A quienes les cuesta trabajo decir no suelen ser personas estresadas porque se ponen cargas y obligaciones que adquieren por voluntad propia, pero que solo lo hacen por quedar bien.

Poner límites es una cuestión de amor propio. Las personas que no saben poner límites o decir que no, lo hacen por la necesidad de aceptación o por miedo al rechazo.

## Terapia profesional

Considera hablar con un terapeuta o consejero. A veces, contar con la guía de un profesional puede ser crucial para entender y abordar sus desafíos emocionales. El acompañamiento emocional de un profesional en la salud mental es la mejor inversión y el mejor regalo que una persona se pueda dar a sí mismo.

Ir a terapia es cuestión de amor propio, es reconocer que no puedo sola y que necesito ayuda. Es poder hablar sin temor a ser censurada, es hablar con alguien que guardará el secreto, es encontrar la empatía en alguien que no me conoce y que su mayor deseo es que yo esté bien. El terapeuta es alguien que te ama sin conocerte.

## Prácticas positivas

Cuando hablo de prácticas positivas me refiero también al pensamiento y al poder de las palabras.

Practica la impecabilidad de las palabras y selecciona el tipo de pensamientos que permites que entren en tu mente. La palabra es solo una frase que al ser pronunciada se convierte en ley. **Cuando hablamos nos convertimos en mensajeros de luz o en dictadores,** dejando que por nuestra boca salgan leyes con las que estoy creando luz u oscuridad no solo para mi vida sino también para aquellos a quienes dirijo lo que de mi boca sale.

La mente es rápida y la boca mucho más y si comenzamos a escuchar lo que decimos podremos tomar consciencia de la calidad de nuestros pensamientos, piensa rápido, habla lento y escucha atento y solo así lograrás tomar consciencia de las leyes que estás creando, porque los pensamientos son energía y las palabras toman forma. Todo lo que decimos puede llegar a materializarse en favor o en contra.

## Cultiva pensamientos positivos y practica el agradecimiento.

Enfócate en lo que puedes controlar y busca soluciones prácticas.

Hoy te invito a que mires hacia atrás y revises cómo ha sido tu pasado, no para que te juzguen o te lamentes, sino para que te des cuenta de lo que has creado con tus pensamientos, emociones y reacciones. Así, el día de hoy, de manera consciente y presente, puedes tomar una decisión de cómo va a ser tu vida de ahora en adelante.

Recuerda, la vida es hoy, no mañana y si quieres hacer algún cambio en tu vida, empieza por tus pensamientos, nuevos pensamientos, nuevas emociones y, por lo tanto, nuevos resultados. Y si un día la vida te da la espalda, agárrale las nalgas y empieza siempre de nuevo.

Estás a punto de conocer mi quinto secreto y créeme, es muy poderoso.

# Quinto paso: Practicar la gratitud

Ser agradecidas conlleva una serie de beneficios tanto para nuestra salud mental como física, por ejemplo:

## Bienestar emocional

La gratitud está vinculada a niveles más altos de felicidad y satisfacción con la vida. Al enfocarnos en lo que tenemos en lugar de lo que nos falta, podemos experimentar una mayor alegría. Si miramos hacia abajo siempre habrá personas que tienen mucho menos que nosotros, pero si miramos hacia arriba siempre habrá alguien que tiene mucho más que nosotros y ninguna de las dos es nuestra realidad.

Entonces, ¿por qué perder el tiempo en algo que no trae ningún beneficio? Enfocarnos en lo que no tenemos solo causa sentido de fracaso, de poca valía o también puedes caer en el victimismo.

## Mejora la salud mental

Practicar la gratitud se asocia con la reducción del estrés, la ansiedad y la depresión. Apreciar lo positivo en nuestras vidas puede cambiar nuestra perspectiva y mejorar nuestro estado de ánimo. Cuando me siento satisfecho con lo que tengo y lo agradezco, me siento pleno y esa plenitud me trae paz.

## Fortalece relaciones

Expresar gratitud fortalece las conexiones sociales. Cuando agradecemos a los demás, fomentamos relaciones más positivas y afectuosas. Al ser agradecidas con nuestros seres queridos, las relaciones se hacen cada vez más fuertes.

## Mayor resiliencia

Las personas agradecidas tienden a ser más resistentes frente a las adversidades. La capacidad de encontrar aspectos positivos, incluso en situaciones difíciles, puede ayudarnos a superar los desafíos con una mentalidad más positiva. Resiliencia y fortaleza no son lo mismo, la fortaleza se puede terminar ante alguna adversidad, sin embargo, la resiliencia es la capacidad de levantarse una y otra vez a pesar de las circunstancias.

## Mejora la autoestima

Agradécete. Reconocer y apreciar nuestras propias cualidades y logros contribuye a una mayor autoestima y autoconfianza. No hay mayor alegría que cuando me siento orgullosa de mí misma, es una sensación en el pecho que solo el que la siente o la ha sentido podrá entender lo que estoy queriendo decir, es sentirse invencible, es mirarte al espejo y decirte a ti misma: TE AMOOOOOO.

## Mejora la calidad del sueño

La gratitud se ha relacionado con un mejor sueño. Al enfocarnos en pensamientos positivos antes de dormir, podemos reducir el estrés y mejorar la calidad del descanso. Se dice que no hay mejor almohada que una conciencia limpia, y así deberíamos dormir, con la mente llena de pensamientos positivos y de agradecimiento, dejando que el estrés solo sea parte del pasado.

Recuerda que la recuperación emocional es un proceso individual y único para cada persona. Sé amable contigo misma durante este proceso y da pequeños pasos hacia la tranquilidad.

No olvides que hay gente que te quiere y que te puede apoyar, pero también que hay personas que se alejarán de ti en este proceso. A continuación, descubrirás que es posible que en tu círculo familiar y social haya pérdidas y ganancias, pero depende de ti que esos cambios operen a tu favor.

# Sexto paso: La familia y los amigos

La familia y los amigos son parte muy importante en un matrimonio. La familia del que ahora es tu esposo pasa a ser parte de la tuya y llegas a sentir mucho agrado o afecto por tus suegros, cuñados y demás miembros de esa familia que te acogió.

¿Pero qué pasa con esa familia que un día te adoptó, que abrieron sus brazos y que te hacía sentir bienvenida? En muchas ocasiones, durante un divorcio, no te divorcias solamente de tu pareja sino también de su familia y qué decir de los amigos en común. También con ellos se sufre una ruptura.

Aunque en su momento yo no lo entendí, me sentí traicionada por todos ellos. Hoy me doy cuenta de que no fueron los amigos en común ni la familia de la otra persona los que me excluyeron, no me hicieron a un lado, fue la situación. La familia de tu pareja, por razones obvias o no tan obvias, se quedan del lado de su pariente. Sin embargo, con los amigos es un poco diferente. Algunos se alejan por prudencia, otros se alejan porque no saben por cuál de los dos tomar partido y otros porque no saben qué decir o cómo actuar.

Las primeras Navidades, los cumpleaños y las piñatas de nuestros hijos son ocasiones bastante difíciles para las personas que se han divorciado recientemente. Las ocasiones especiales son bastante dolorosas y es allí en ese momento donde empezamos a sentir la ruptura con las familias y los amigos que teníamos en común con nuestra expareja.

La ausencia de esa familia de la que una vez te sentiste parte duele, se siente un vacío emocional que a veces no sabemos cómo llenar. Es en ese momento donde yo te invito a ser muy fuerte porque debes de empezar a convertirte en la protagonista de tu propia historia; es en ese momento donde empiezas a escribir en un libro en blanco, ya no eres la esposa de, ahora solo eres tú.

Un divorcio puede tener un impacto significativo en las relaciones familiares y amistades. Aquí hay algunas dinámicas comunes que podrían ocurrir:

**Familia extensa:** Pueden sentirse divididos o incómodos al tomar partido en la situación. Algunos pueden mantener relaciones con ambos cónyuges, mientras que otros pueden tomar partido o distanciarse.

**Amigos compartidos:** Puede enfrentar tensiones. Algunos amigos pueden sentir la necesidad de elegir un bando, mientras que otros pueden intentar mantener relaciones con ambos excónyuges. Esto puede llegar a ser estresante no solo para ti, sino también para tus amigos.

**Nuevas alianzas:** Con el tiempo, es posible que ambos excónyuges desarrollen nuevas relaciones amorosas y sociales. Esto puede afectar las dinámicas familiares y de amistad, ya que cada uno forma nuevas conexiones.

**Cambios en eventos sociales:** Las reuniones familiares y eventos sociales pueden volverse incómodos, especialmente si ambos excónyuges están presentes. Las celebraciones pueden requerir una coordinación cuidadosa para evitar conflictos. Además, cuando hay hijos de por medio en estos eventos, son ellos quienes más se estresan.

**Apoyo emocional:** Los amigos y familiares pueden convertirse en un importante sistema de apoyo durante y después del divorcio. Sin embargo, algunas relaciones pueden volverse tensas si los amigos sienten la necesidad de tomar partido o si hay resentimientos acumulados. Es muy normal que los amigos tomen partido por el que ellos crean que es la víctima en la relación.

Es importante destacar que cada situación es única y las dinámicas pueden variar. La comunicación abierta y honesta, el respeto por las decisiones individuales y la capacidad de adaptación son clave para mantener relaciones saludables durante y después de un divorcio. La terapia familiar o el asesoramiento pueden ser recursos útiles para abordar estos cambios y fortalecer las relaciones. ¿Estás enfrentando una situación así? Si la respuesta es sí, no dudes en buscar apoyo.

## La pérdida

*Hoy he firmado un papel que me acredita como divorciado*
*pues a mi alma un pedazo le han arrancado,*
*la pareja que yo amaba se ha ido de mi lado*
*y solo me ha dejado un hueco en mi alma*
*que no encuentro cómo llenarlo,*
*todo parece distinto, pues todos mis sueños*
*se han terminado,*
*pero mi alma no entiende qué es lo que ha pasado.*
*Solo sé que estoy triste y que mi corazón*
*se encuentra despedazado.*
*He perdido más de lo que había imaginado.*
*Los amigos ya no llaman ni me invitan a estar a su lado,*
*quizás ellos sientan que soy un peligro porque*
*he entrado en el mercado,*
*pero lo que no saben es que mi corazón los necesita para*
*curar todo lo que le ha lastimado*
*la familia que tanto me quería me ha sacado*
*de aquel círculo al que yo ya me había acostumbrado.*
*Y ahora solo me queda recoger mi dignidad*
*y dejar todo en el pasado.*
*Y hacer nuevos amigos que concuerden con mi estado.*

—*Diana Salgado*

Hay un último paso que quizá no has considerado. Te aseguro que es un verdadero regalo.

Descúbrelo a continuación y, sobre todo, practícalo a fondo...

# Séptimo paso: Encuentra el regalo en el perdón

Perdonar a alguien que te ha hecho daño puede ser un proceso emocionalmente desafiante, pero también es un paso importante para tu propio bienestar y paz interior. A continuación, te dejo ocho consejos que te pueden ayudar a encontrar ese regalo del que te quiero contar, y el que yo he podido encontrar como mecanismo de defensa, autocuidado y paz interior.

## Reconoce tus sentimientos

Es importante permitirte sentir y procesar tus emociones antes de poder perdonar. Reconoce tu enojo, rencor, tristeza, dolor o cualquier otra emoción que puedas experimentar debido al daño causado. Desde niños nos han enseñado que odio, resentimiento y enojo son emociones negativas y es por eso que nos cuesta trabajo aceptar que tenemos este tipo de emociones, tanto así, que muchas veces cuando usamos calificativos como "es muy rencoroso", puede considerarse ofensivo.

Experimentar este tipo de emociones no significa que seas una mala persona, ni tampoco que seas una persona rencorosa, simplemente estás experimentando una emoción y las emociones no son ni buenas ni malas.

Lo bueno de estas emociones es que si las procesamos de la manera correcta nos dejarán un gran crecimiento emocional. Lo malo es que, si no las procesamos adecuadamente, se quedarán en nuestro ser convirtiéndonos en personas enfermas emocionalmente.

El perdón implica liberarse de los sentimientos de rencor y resentimiento. Perdonar no significa justificar u olvidar la acción que causó el dolor, sino elegir dejar de llevar ese peso emocional y encontrar la paz en uno mismo. El perdón puede ser un proceso desafiante, pero puede conducir a una mayor tranquilidad y bienestar.

## Comprende que el perdón es para ti

En el perdón no se trata de absolver o justificar las acciones de la otra persona, sino de liberarte a ti mismo de la carga emocional que llevas. Al perdonar, te liberas del resentimiento y la amargura que pueden afectar tu bienestar mental y emocional.

El rencor puede ser muy perjudicial para la salud emocional y mental de una persona. Puede consumir tiempo y energía, afectar las relaciones personales y causar estrés, ansiedad y depresión. Superar el rencor y aprender a perdonar es importante para liberarse de estos sentimientos tóxicos y avanzar hacia la curación emocional.

En la Biblia se habla claramente del perdón en Efesios 4:31-32 (Nueva Versión Internacional): *"Quítense de encima toda amargura, furia, enojo, palabras ásperas, calumnias y toda clase de mala conducta.*

*32, por el contrario, sean amables unos con otros, sean de buen corazón, y perdónense unos a otros, tal como Dios los ha perdonado a ustedes por medio de Cristo".*

## Acepta la realidad

Reconoce que lo que sucedió ya ocurrió y no puedes cambiarlo, aceptar la realidad te ayudará a avanzar. Aceptar la realidad es de valientes y de gran alivio emocional. La mayoría de las veces, aceptar la realidad es muy doloroso y por eso muchas veces no la aceptamos, para evitar el dolor. Sin embargo, la aceptación no nos deja otro camino que seguir hacia adelante y vivir la realidad por dura o fuerte que esta sea.

Por ejemplo, hablando del divorcio o las separaciones sentimentales, si la ruptura se dio por engaño, infidelidad o desamor, la persona afectada al aceptar la realidad del "ya no me quiere y eso yo no lo puedo cambiar", el siguiente paso es perdonar a la otra persona por el dolor que yo estoy sintiendo.

Suena fácil y quizás en este momento al leer esto hasta puedas experimentar enojo o pensar "claro, como no es a usted a la que engañaron, como no es a usted a la que le duele el alma en este momento". Déjame decirte que te entiendo completamente, porque esto que acabo de escribir yo ya lo sentí cuando estaba pasando por mi divorcio, pero alguien me recomendó el libro La última oportunidad del escritor Carlos Cuauhtémoc Sánchez, y al leer ciertas partes yo sentía cómo nadie podría entender el dolor tan grande que vivía en ese momento.

Te invito a que cuando sientas ese dolor desgarrador en tu alma, tomes una respiración profunda y repitas en voz alta: "(el nombre de la persona con la que estés trabajando la emoción) te perdono y te amo". Sí, suena loco que digamos 'amar' cuando tenemos enojo o rabia y mucho dolor, sin embargo, la expresión 'te amo' es para ti y no para la otra persona.

Cuando dices 'te amo' en realidad estás contrarrestando el sentimiento de odio o rencor, y no que estés amando al otro. Este ejercicio es muy liberador, trae el perdón y deja una sensación de paz y tranquilidad en tu pecho. Ten paciencia, este proceso puede tomar tiempo. Lo importante es que tomes la decisión de perdonar, lo demás irá llegando.

Con el tiempo todo vuelve a tomar su curso y pronto te encontrarás viviendo en libertad emocional.

## Practica la empatía

Practicar la empatía es una habilidad importante que te permite entender y conectarte con las emociones y perspectivas de los demás, además de tratar de entender las circunstancias o las motivaciones que llevaron a la otra persona a actuar de la manera en que lo hizo. Esto no justifica sus acciones, pero puede ayudarte a tener una perspectiva más amplia.

**Trata de comprender la perspectiva de la otra persona.** Imagina cómo te sentirías si estuvieras en su situación o cómo hubieras reaccionado tú. Esto te ayudará a entender sus emociones y pensamientos. Solo cuando adquiero la capacidad de ponerme en los zapatos de la otra persona, podré entender por qué hizo lo que hizo, y desde esa postura el perdón será mucho más fácil. La empatía es una habilidad que se puede desarrollar con la práctica y la conciencia. Cuanto más practiques la empatía, más fácil te será entender y conectar con las personas que te rodean.

## Comunica tus sentimientos

Hablar con la persona que te lastimó puede ser útil, siempre que te sientas segura haciéndolo. Explicar cómo te sientes y lo que necesitas de ella puede abrir la puerta a una conversación constructiva y a una posible reconciliación. Hablar con la otra persona es lo ideal, pero no siempre es lo adecuado.

Dependiendo de la situación se pueden tomar varias formas de abordarla. Si la persona con la que quieres trabajar el perdón ya no está en este plano terrenal, entonces lo puedes hacer por medio de una carta donde le comuniques todo lo que sientes y todo lo que sentiste en el momento que tú consideraste el agravio.

Al finalizarla, escribe tu perdón. Quema la carta con una intención y conecta desde lo más profundo de tu ser con ese ser al que quieres perdonar.

## Establece límites

**Si consideras que la relación es tóxica o dañina, establece límites saludables o considera la posibilidad de distanciarte,** especialmente si no muestra arrepentimiento o sigue haciendo daño. Poner límites es saludable y es esencial para proteger tu bienestar emocional y físico.

Es importante que sepas cuáles son tus límites y qué necesitas para sentirte segura y protegida. Reflexiona sobre lo que estás dispuesta a tolerar y lo que no. Explica de manera clara, firme, específica y respetuosa cuáles son tus límites y evita la confrontación o el enfoque acusatorio.

Recuerda que poner límites no es ser egoísta ni inapropiado; es una parte fundamental del cuidado de tu bienestar. Si te encuentras en una situación de abuso o peligro, busca ayuda de inmediato, ya sea de amigos, familiares, o profesionales de la salud mental, y considera medidas legales si es necesario. Tu seguridad y bienestar son una prioridad.

## Trabaja en tu autocuidado

Dedica tiempo a cuidar de ti misma. Practica el autocuidado, busca apoyo emocional de amigos, familiares o terapeutas, y busca actividades que te hagan sentir bien contigo misma.

## Da tiempo al proceso

El perdón no es algo que sucede de la noche a la mañana. Puede llevar tiempo sanar y perdonar completamente. Sé paciente contigo misma y permite que el proceso se desarrolle de forma natural. Aunque a veces tarde, **el perdón es un acto de amor propio porque el perdón te libera a ti.**

Recuerda que el perdón es un regalo que te das a ti mismo. No es necesario que la otra persona lo acepte o cambie su comportamiento para que tú puedas perdonar. Al liberarte del peso del resentimiento, estás tomando control de tus propias emociones y tu vida.

La Biblia enfatiza que debemos perdonar a los demás, así como Dios nos perdona a nosotros. El perdón es visto como un acto de gracia, amor y compasión que libera a las personas de la amargura y el resentimiento, promoviendo la reconciliación y la paz.

## El regalo del perdón

'Encontrar el regalo' es una expresión maravillosa que yo aprendí y que me ayudó muchísimo para superar el dolor, la rabia y la tristeza que me provocó el divorcio. La mejor forma de superar un divorcio es encontrando el regalo que este te dejó. Toda ruptura o pérdida se supera con más facilidad cuando le encontramos el regalo del perdón.

El regalo es básicamente el aprendizaje que la situación me dejó, no importa qué tipo de situación o qué tan dura o desagradable haya sido, lo importante es adquirir el aprendizaje, y con este aprendizaje te darás cuenta de que no solo perdiste, sino que también ganaste. Perdiste a una persona o perdiste un negocio, pero ganaste un aprendizaje para que nunca vuelvas a pasar por la misma situación. Y esa es la ganancia a la que yo le llamo el regalo.

No hay nada más maravilloso en la vida que recibir un regalo y aún más cuando ese regalo es un aprendizaje de vida, a lo que se le llama experiencia. Como decía mi padre: "perder por aprender no es perder". Se pierde una pareja, se pierde un negocio o un amigo, pero si al perder a ese alguien también ganaste, entonces no habrás perdido nada y en cambio solo habrás ganado experiencia.

Como vimos en los pasos anteriores, el perdón puede llegar a ser todo un proceso, y como todo proceso toma tiempo. En el caso de un divorcio puede existir mucho enojo, odio y resentimiento. sin embargo, encontrar ese regalo del que te hablo por medio del perdón puede llegar a ser más fácil de lo que tú crees.

Y a continuación te dejaré una propuesta que yo misma he realizado y que me ha funcionado muy bien. te invito a ti a que la hagas. Toma papel y lápiz y haz una lista de todo lo bueno que la otra persona hizo para ti y de lo que dio en la relación. Generalmente cuando estamos llenos de odio y resentimiento no podemos ver claramente las cosas buenas y positivas que la otra persona también tenía, y solemos enfocarnos solamente en lo malo y eso hace que nuestro resentimiento crezca y que el perdón sea más difícil de alcanzar.

En tu lista primero quiero que pongas el agravio del que según tú fuiste víctima, por ejemplo, infidelidad, y luego continúa la lista escribiendo todo lo positivo que esa persona tenía, por ejemplo: alegre, trabajador, era muy amable con tu familia y con tus amigos, te dio hijos maravillosos, fue buen padre o buena madre, era espléndido contigo te daba muy buenos regalos, era cariñoso y así sucesivamente.

Mientras vas escribiendo la lista puedes sentir como tu

enojo se va calmando, al darte cuenta de que no todo fue malo, comenzaras a sentir que hasta algún punto valió la pena todo lo vivido. También incluye en tu lista los buenos recuerdos juntos como por ejemplo las vacaciones en familia o algún día especial que celebraron juntos. Anteriormente mencioné que el perdón puede llegar a ser un proceso largo, pero si lo trabajamos podremos llegar a ese regalo del que tanto les he hablado.

Durante este proceso sentirás que tú diste más emocionalmente que la otra persona y te enojarás contigo misma, pero es aquí donde retomas tu lista. Podrías empezar con algo como: te di (número) años de mi vida, y termina la oración diciendo, los mismos que estuviste conmigo. Te di (número) hijos y continúa tu oración diciendo, los mismos que tú me diste. Te di toda mi juventud, y tú, me diste la tuya. Te amé demasiado y reconozco que tú nunca me lo pediste. Yo nunca te engañé, porque así lo quise.

Y así sucesivamente ve reconociendo que lo que diste en esa relación fue por decisión propia y no porque la otra persona te lo pidió y hazte responsable de la parte que a ti te corresponde y solo así encontrarás ese maravilloso regalo del perdón, regalo que es solo para ti, para tu bienestar emocional y tu salud mental. Puedes cerrar con una carta de agradecimiento. Te dejo el siguiente ejemplo, pero la idea es que hagas la tuya a tu manera y de acuerdo con tu situación.

*A quien corresponda (el nombre de la persona):*

*Gracias por todo lo que me diste, me diste muchísimo y lo honro. Te quise mucho y no me arrepiento. Todo lo que te di, lo di porque así lo quise. Lamento muchísimo por todo lo malo que pasó entre nosotros, quiero que sepas que yo asumo mi parte y te dejo la tuya, aunque te doy las gracias por ambas. Eres una gran parte de la historia de mi vida que nunca podré borrar y que no quiero borrar porque a pesar de lo ocurrido hay mucho que rescatar porque no todo fue malo y lo bueno no lo quiero olvidar y hoy por fin he encontrado el regalo que en la historia de mi vida has venido a dejar.*

## El regalo de mi ex

*Cuando un amor se va*
*deja huella sin importar cuál sea el calificativo*
*que le podamos dar*
*al ser humano que se va.*
*La persona que un día amé*
*y que por las vicisitudes del tiempo se fue,*
*me dejó un regalo que apenas encontré.*
*Un regalo que, por culpa de la tristeza, la rabia y la*
*soledad no me habían dejado ver.*
*Hoy quiero reconocer*
*que esa persona que tanto amé,*
*me regaló lo más hermoso de su ser,*
*dos hijas maravillosas y muchos años de su vida que hoy*
*quiero agradecer,*
*y solo me encantaría saber si él ya encontró el regalo que*
*yo le dejé.*

*—Diana Salgado*

Ya conociste mis secretos y los pasos que yo seguí. Ahora te invito a que conozcas más de ti misma. Conocerte te ayudará a saber si estás lista para una nueva relación… y esto lo podrás descubrir en las siguientes páginas.

# Cómo saber si estás lista para volverlo a intentar

La única forma de saber si te encuentras realmente lista para intentar nuevamente una relación, es el que puedas **hablar de lo sucedido sin llorar y sin que te duela.** Sin embargo, lo más importante es que te hayas hecho cargo de ti misma trabajando la parte emocional a la que ahora te quieres enfrentar nuevamente.

Con el pasar del tiempo creemos que estamos curados del sufrimiento y del dolor que vivimos durante aquella etapa del divorcio, sin embargo, yo te invito a que te hagas una introspección y a que te des cuenta de cuál fue tu participación para que esa ruptura anterior sucediera, porque como bien sabemos, un matrimonio es de dos, por eso se le llama pareja, que viene de "par" y significa dos. Para que una ruptura suceda, ambos deben participar.

Cuando de manera individual no se trabaja y no se toma responsabilidad de lo sucedido, es muy probable que caigamos en otra relación y que nos encontremos en situaciones similares a las de la relación anterior. Podemos cambiar de pareja y eso no significa que esta vez sea diferente, cada pareja puede ser diferente. Sin embargo, tú sigues siendo el mismo, e insisto en lo que dijo Albert Einstein: "la locura es hacer siempre lo mismo y esperar resultados diferentes".

Salir de una relación y considerar la posibilidad de entrar en una nueva puede ser un proceso emocionalmente complejo. A continuación, te dejo algunos tips que pueden ayudarte a superar el dolor y que reconozcas si estás lista para volverlo a intentar.

## Siente el dolor

La mayoría de las personas te dicen "ya no llores, olvídalo, no te merece", pero en realidad, la mejor forma de curar el dolor es sintiéndolo, es sacando esa emoción de rabia, de tristeza, de impotencia. Lo que sea que te esté pasando, siéntelo profundamente para que así puedas liberarlo. No puedes sanar si finges que no te duele.

En consulta y tratando con muchas personas que han pasado por esta situación, he visto que es muy normal que caigan en la deflexión, un mecanismo de defensa que ponen en marcha aquellas personas a las que se les dificulta entrar en contacto con los demás, con el medio o con sus propias emociones.

Lo que hacen es evitar o evadir la incomodidad de diferentes formas. Por ejemplo, dice no, "ya no me importa, ya no lo quiero, ya no me duele" y, sin embargo, en su forma de hablar se les puede notar el resentimiento, la tristeza o la frustración.

## Deja de recordar constantemente

Es normal que el cerebro quiera recordar, pero es aquí donde yo te invito a interrumpir ese recuerdo cada vez que venga a tu mente y busca alejarte de tu ex junto con todo lo que te recuerde a él. Acepta las circunstancias. Evita publicar mensajes indirectos, no hagas nada para demostrar que estás feliz y no hagas nada para darle celos. Suelta culpa y resentimiento.

## Busca apoyo psicológico y social

Insisto: Ve a terapia o busca el apoyo de amigos o seres queridos con los que puedas compartir tus sentimientos; permitir que te acompañen te ayudará a no sentirte sola en el proceso.

## Borra la historia futura de tu cabeza

No intentes imaginar cómo hubiera sido el futuro con esa persona o de lo contrario seguirás sufriendo.

## Tu vida es más que un solo capítulo

Un divorcio o una ruptura amorosa bien canalizados pueden cambiar tu vida para siempre y convertirse en la mejor oportunidad para tu crecimiento personal y para que desarrolles una mejor versión de ti misma. Utiliza este proceso para reconstruir una nueva versión de ti misma, más fuerte, y auténtica que nunca. Mira esta etapa solamente como un capítulo más de tu vida y solo piensa en todos los capítulos nuevos que te hacen falta escribir.

## Solo tú puedes llenar tus vacíos

Si esperas disponibilidad emocional de alguien, o que alguien venga a llenar tus vacíos emocionales, entonces no estás lista para empezar una nueva relación. Si esta es una de tus expectativas para una nueva relación, de antemano, querida lectora, déjame decirte que estarías entrando en una relación donde seguramente habrá codependencia, porque estarías necesitando que alguien venga a llenar tus vacíos y eso, lo único que provoca es llevarte es al apego emocional.

## No intentes arreglar a los demás

El amor no es perfecto, por lo tanto, no trates de arreglar a nadie que no quiera ser arreglado, porque en el proceso te desarreglas tú. Es muy común que en la pareja uno de los dos trate de arreglar al otro en nombre del amor, sin embargo, nadie puede arreglar a nadie y mucho menos si la otra persona no quiere ser arreglada; resulta un proceso muy desgastante y en el que seguramente no tendrás éxito.

## Mereces amor

**No pienses que no mereces amor simplemente porque alguien no supo valorarte.** Lo mejor es encontrar la fuerza a través de tu amor para saber que la vida continúa, y atesorar las enseñanzas adquiridas para darle paso a nuevas oportunidades que sumen a lo que tú ya eres. Concéntrate en ti y en tu presente.

## Autoconocimiento

Si tú tienes una comprensión clara de quién eres, qué quieres en la vida y qué esperas de una relación, entonces podrás establecer relaciones saludables.

## Aceptación del divorcio

Si tú has aceptado y procesado emocionalmente tu divorcio y estás en paz con la situación pasada, entonces tu futura relación tendrá altas posibilidades de que funcione.

## Tiempo suficiente

Tómate el tiempo suficiente desde el divorcio para sanar y para trabajar en ti misma. No hay un marco de tiempo específico, ya que cada persona y situación son únicas, pero es importante que no te apresures en una nueva relación antes de estar lista.

## Interés genuino

Reconoce si estás genuinamente interesada en conocer a nuevas personas y estás abierta a la idea de establecer conexiones emocionales, y cuando digo genuinamente me refiero a que no estés buscando estas conexiones solo para llenar un vacío emocional.

## Estabilidad emocional

Si estás emocionalmente estable y capaz de manejar los altibajos naturales de las relaciones sin depender completamente de otra persona para tu felicidad, entonces estás lista emocionalmente para volver a empezar.

## Comunicación abierta

Si puedes comunicarte abierta y honestamente sobre tu pasado, incluyendo tu divorcio, sin sentirte abrumada por las emociones correspondientes, eso quiere decir que tu corazón ha sanado completamente y es una gran señal de que estás lista para volverlo a intentar.

## Objetivos claros

Al tener claridad sobre tus objetivos y expectativas en una nueva relación, es muy probable que también sepas reconocer a la persona adecuada para ti. Y además, tendrás la fuerza y la seguridad de comunicarlo a la otra persona sin sentirte incómoda.

## Aprendizaje de experiencias pasadas

Revisa si has aprendido lecciones valiosas de tu matrimonio anterior y estás dispuesta a aplicar ese conocimiento para construir una relación más saludable en el futuro. Es muy importante que nos demos cuenta qué aprendizajes nos ha dejado la relación anterior para no volver a cometer los mismos errores.

## Disfruta tu soltería

Disfruta de tu vida como soltera y no sientas urgencia desesperada por estar en una relación. Si tu motivación es la urgencia, entonces no estás buscando una relación para complementar tu vida, sino para completarla, y si necesitas que alguien más te complete es porque no estás lista para comenzar de nuevo.

## Sé más espiritual

Lo más importante es que te acerques a Dios, él es el único que te puede restaurar. Ponte en su presencia y derrama tu alma ante él y todo será restaurado. Tu dolor, tus lágrimas y tu amor propio serán reconstruidos por completo.

Recuerda que no hay un tiempo específico para este proceso, cada persona tiene su propio ritmo. Si te sientes segura y preparada para explorar una nueva relación, sigue tu intuición. Sin embargo, si aún estás lidiando con aspectos no resueltos o sentimientos con carga emocional significativa, entonces sigue disfrutando de la soltería y continúa trabajando en ti misma antes de buscar una nueva relación.

La terapia es una herramienta muy importante donde puedes encontrar respuestas a muchas de las cosas que quizás tú misma ignoras. Suena fácil, pero la verdad no lo es y lo digo por experiencia propia, ante estas circunstancias de la vida solemos confundirnos porque creemos que estamos realmente listas para una nueva relación cuando, en realidad, todavía queda mucho trabajo personal y emocional por hacer.

## Derramé mi alma

*Una noche y sin planearlo*
*derramé mi alma en tu presencia,*
*estaba tan cansada y perturbada que sin darme cuenta*
*me lancé en tus brazos como una pequeña*
*niña buscando tu regazo.*
*Mi alma angustiada*
*estaba cansada*
*de estar ansiosa y estresada,*
*mi mente no descansaba ni de día ni de noche,*
*aunque lo intentara.*
*El sueño no conciliaba*
*y todos los días una pastilla me tomaba*
*con la ilusión de dormir profundamente*
*y levantarme descansada,*
*sin embargo, a la mañana siguiente,*
*apenas mis ojos abrían,*
*todo regresaba,*
*y entonces fue allí cuando me arrojé a sus brazos*
*y como una pequeña niña lloraba*
*y sollozaba en su regazo.*
*Amado padre, quítame este dolor, mi alma susurraba*
*y al mismo tiempo con mil preguntas yo le abordaba,*
*qué pasa con mi vida que no logró acomodarla,*
*y entre lágrimas y sollozos yo con mi Padre eterno hablaba*

*y le pedía perdón*
*diciéndole que me mostrara cómo hacer para que esta*
*tormenta acabara.*
*Y él, como todo padre, el camino me mostraba,*
*me llevó frente al espejo para que conmigo hablara*
*y a través de mi propia boca me dijo cuánto me amaba,*
*también me dijo que yo no estaba sola porque él siempre*
*me acompañaba,*
*y me mostró la belleza con la que yo fui creada*
*y mientras mis lágrimas rodaban*
*yo sentía cómo él me abrazaba*
*y poco a poco empecé a sentirme fuerte*
*porque el vacío que había en mi alma*
*con su amor él llenaba.*
*Esa noche dormí como yo tanto lo deseaba*
*y al despertar en la mañana tranquila yo estaba*
*y durante los días siguientes a mi mente mensajes llegaban*
*era el Espíritu Santo dándome las respuestas por las que*
*yo preguntaba.*
*Y desde entonces paz hay en mi alma*

*—Diana Salgado*

Como ya has descubierto, es más fácil repartir culpas que asumir responsabilidades. Y de eso te platicaré a continuación para que, en adelante, puedas entender y guiar mejor a tus hijos que, de seguro, no la están pasando tan bien.

# ¿Quién es el responsable?

Educar hijos en dos hogares diferentes, con diferentes reglas y diferentes principios, es complicado.

Parte de lo que tú ya eres, en especial después de un divorcio, es ser madre soltera. Y ahora tienes que enfrentarte sola a criar a tus hijos y no solamente eso, sino a criar hijos de padres divorciados, lo que representa un reto aún más fuerte.

Ya de por sí los hijos y en especial, los adolescentes son un reto para nosotros los padres, criar hijos adolescentes de padres separados es un reto que enfrentamos las personas que nos hemos divorciado. Obvio, estos adolescentes también han pasado por un proceso fuerte, la ruptura de la familia, del hogar y de la seguridad que ellos sentían. Y entonces nos enfrentamos a lo que yo llamo, '¿quién es el responsable?'

Las parejas se casan jurando amor eterno y con un sinfín de

juramentos que pocas veces cumplimos. Hacemos realidad ese amor trayendo hijos al mundo a los que amamos incondicionalmente y en nombre de ese amor cometemos muchos errores. Y luego nos quejamos amargamente diciendo que los niños deberían venir con manual de instrucciones cuando los que venimos sin manual de instrucciones somos nosotros, los padres.

Les decimos a nuestros hijos que debemos ser honestos, disciplinados, educados, buenos, amorosos y bondadosos. Pero nadie les ha dicho a los padres que la palabra educa, pero el ejemplo arrastra.

Los papás decimos mentiras que los niños escuchan, no tenemos disciplina ni con nosotros mismos, cerramos la ventana del carro al indigente, no somos amorosos ni con nuestra propia familia y hacemos un sinfín de cosas distintas a las que les inculcamos, sin nuestro propio ejemplo. No tomamos en cuenta que muchas veces su seguridad se ve amenazada cuando destruimos sus hogares con un divorcio, donde cada uno muestra su lado más oscuro.

Y te pregunto, ¿quién es el responsable?

¡¡Aquí no hay culpables!! El culpable es la falta de educación, de sensibilidad y de compromiso, nadie nos dijo que el matrimonio se construye cada día con amor, inversión emocional, sacrificio y vulnerabilidad, mostrándonos al otro tal como somos, expresando nuestros sentimientos y sobre todo, con honestidad.

¿Es acaso culpable el niño que vive en dos casas con madrastra o padrastro, que va de un lado al otro con su maleta al hombro? Y eso sin contar que en las dos casas hay reglas y valores diferentes. En una casa le permiten hacer cosas que en la otra no.

¿Cómo le decimos al niño que no mienta si es su único medio de sobrevivencia en los dos mundos en los que ahora vive? Si miente en la casa de mamá para que papá no enoje o viceversa.

¿Cómo le pedimos al niño que siga reglas si tiene tantas y diferentes reglas que ya no saben cuáles son las correctas?

¿Cómo le pedimos al niño que sea disciplinado o responsable si tiene dos casas, dos recámaras, comparten dos religiones diferentes, tiene dos mamás y dos papás? Y, como si fuera poco, cuando hay conferencia con los maestros de la escuela está tan nervioso porque no sabe a quién decirle, si a papá o a mamá.

A veces, esos hijos han nacido en un país que no es el de papá ni el de mamá, y cuando le preguntan "de dónde eres" no sabe qué decir.

¿Por qué será el niño tan rebelde?

A ti, que estás leyendo, te invito a educar con el ejemplo.

A continuación, te dejo un cuestionario para explorar diferentes aspectos de ti misma. Tómate el tiempo necesario para reflexionar y escribir tus respuestas en una libreta.

Hazlo de manera honesta. No hay respuestas correctas o incorrectas, este ejercicio es solo para tu autoconocimiento.

## Ejercicio de autoconocimiento

- ¿Cómo te describirías en pocas palabras?
- ¿Cuáles crees que son tus mayores fortalezas?
- ¿Cuáles son tus áreas de desarrollo o aspectos que te gustaría mejorar?

### Valores personales:

- ¿Cuáles son tus valores más importantes en la vida?
- ¿Qué principios te guían en la toma de decisiones?

### Intereses y pasiones:

- ¿Qué actividades o temas te apasionan?
- ¿Cómo pasas tu tiempo libre cuando no tienes obligaciones?

### Logros y metas:

- ¿Cuáles son tus logros más significativos hasta ahora?
- ¿Qué metas te gustaría alcanzar a corto y largo plazo?

### Relaciones personales:

- ¿Cómo defines la importancia de las relaciones en tu vida?
- ¿Qué cualidades valoras en tus amistades más cercanas?

**Manejo del estrés y autocuidado:**

- ¿Cómo manejas el estrés en tu vida?
- ¿Qué actividades o hábitos prácticas para cuidar tu bienestar emocional y físico?

**Aprendizaje y desarrollo personal:**

- ¿Cómo buscas aprender y crecer como persona?
- ¿Cuáles son tus áreas de interés para el desarrollo personal?

**Tiempo y prioridades:**

- ¿Cómo distribuyes tu tiempo en un día típico?
- ¿Qué actividades consideras prioritarias en tu vida?

**Autocrítica y autocompasión:**

- ¿Cómo te hablas a ti mismo cuando cometes errores?
- ¿Qué tan compasivo eres contigo mismo en momentos difíciles?

**Sueños y aspiraciones:**

- ¿Cuáles son tus sueños más grandes?
- ¿Qué pasos estás tomando para alcanzarlos?

Recuerda que este ejercicio es para tu beneficio personal, así que no dudes en ser honesta contigo misma.

Para terminar este hermoso regalo, solo me queda decirte **perdónate a ti misma,** porque después de haber vivido todo este proceso tan doloroso y desgastante, creo que es lo justo. Cuando la sabiduría y el perdón entren en tu vida, sentirás esa paz que sobrepasa todo entendimiento. El pasado no se puede cambiar, ¡pero el futuro sí lo podemos crear!

Regálate una vida llena de amor propio y de mucha felicidad, derrama tu alma ante nuestro Dios que todo lo ve y todo lo puede solucionar. El Salmo 139: 1-4 dice:

*Oh, Señor, has examinado mi corazón y sabes todo acerca de mí. Sabes cuándo me siento y cuando me levanto; conoces mis pensamientos, aun cuando me encuentro lejos. Me ves cuando viajo y cuando descanso en casa. Sabes todo lo que hago. Sabes lo que voy a decir, incluso antes de que lo diga, Señor, vas delante y detrás de mí. Pones tu mano de bendición sobre mi cabeza.*

Él conoce tu dolor y el mío, él conoce tu corazón y el mío y también nuestras necesidades, desde la más pequeña hasta la más grande, solo permite que sea nuestro padre Dios el que nos acompañe y nos guíe.

Querida lectora, te agradezco que hayas llegado hasta aquí. Nos queda recapitular lo que has leído y que te decidas a salir adelante con las herramientas que te he compartido.

# Conclusión

Matrimonio y divorcio son conceptos difíciles y únicos para cada persona. Sé que has tenido muchas señales para tomar la decisión de quedarte o que las tuviste antes de irte. Y cualquiera que sea tu caso, espero haber aportado con mi experiencia y las de mis pacientes algo de luz y de paz en tu vida.

Para la vida en pareja no hay fórmulas mágicas, pero recapitulo para ti los siete pasos que, en mí y en mis pacientes, han funcionado para salir adelante antes, durante y después de un divorcio:

1. **Supera la ansiedad: Es un desafío, pero solo de ti depende tu bienestar emocional.**
2. **Evalúa antes de decidir si te quedas o te vas: Pregúntate ¿por qué me quedo? o ¿por qué me voy? Las respuestas honestas revelarán tu camino.**
3. **Valora tu tranquilidad: ¿Vale la pena estar en un**

mal matrimonio? La paz interior y la tranquilidad emocional son elementos esenciales para una vida plena y satisfactoria.

4. Recupera tu tranquilidad emocional: Es un proceso gradual, lento y de mucho trabajo emocional, ¡e increíblemente sanador!

5. Practica la gratitud: Agradecer mejora tu salud, tu estado de ánimo y el bienestar de tu corazón.

6. La familia y los amigos: Una red de apoyo que a veces no es fácil encontrar ni conservar.

7. Encuentra el regalo en el perdón: La mejor forma de superar un divorcio es encontrando lo bueno que tu pareja te dejó. Toda ruptura o pérdida se supera con más facilidad cuando encontramos su regalo en el perdón.

Es fundamental recordar que, aunque hemos recorrido un largo camino juntas, este libro es solo el comienzo de tu viaje hacia una familia más sólida y relaciones más estables. Tu bienestar emocional y el de tu familia son un compromiso constante, y cada paso que tomes en esa dirección vale la pena.

Hemos recorrido los capítulos de este libro con un propósito claro: empoderarte para construir una relación personal y familiar sólida y satisfactoria. Ahora, te invito a que lleves contigo estas lecciones y las apliques en tu vida de manera constante.

Recuerda que eres la protagonista de tu propia historia, y tienes el poder de transformar tu vida y tus relaciones. Atrévete a experimentar tu propia historia de transformación y a construir la familia que deseas y mereces.

Te agradezco infinitamente por leer este libro. Espero que lo hayas disfrutado y que hayas encontrado respuestas útiles para tu situación en específico. Ahora te toca poner en práctica todo lo que has aprendido.

Te felicito por tu valentía y tu compromiso. ¡Hagamos que cada día cuente!

DIANA SALGADO

**PD:** Si te sientes lista, te invito a que tengamos una cita uno a uno. Lo podemos hacer por videollamada si estás a la distancia. Puedo brindarte la guía y el apoyo necesarios para aplicar estas lecciones de manera efectiva en tu vida y en tu familia. Puedes contactarme en:

info@SoyDianaSalgado.com

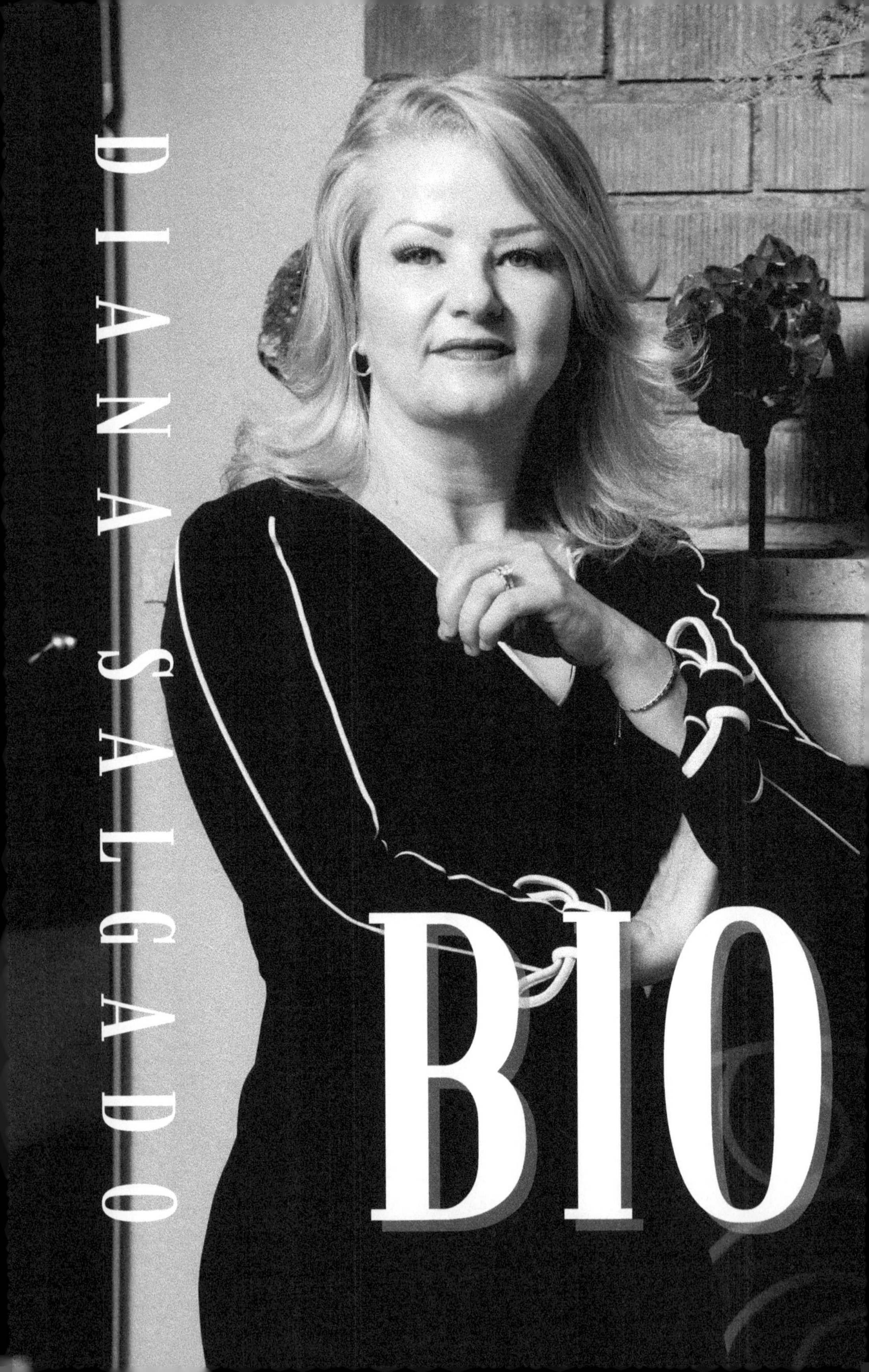
DIANA SALGADO
BIO

DIANA SALGADO es psicoterapeuta, especialista en terapia de pareja, coach de vida, y conferencista. Su dedicación y experiencia en estos campos la han convertido en una experta en ayudar a las parejas a superar desafíos emocionales y a alcanzar una vida plena.

A lo largo de su carrera, Diana ha desempeñado roles de liderazgo y asesoramiento en diversos contextos. Ha dirigido talleres transformadores, incluyendo el programa *Tú Puedes Sanar Tu Vida*, el cual ha tenido un impacto positivo en la vida de miles de personas. Además, facilita el taller ¿Matrimonio o Divorcio?, brindando orientación valiosa a parejas que enfrentan momentos críticos en sus relaciones.

Como conferencista motivacional, Diana ha compartido sus conocimientos y experiencias en diferentes escenarios. Su habilidad para conectar con la audiencia y transmitir mensajes inspiradores la ha convertido en una figura destacada en el campo del crecimiento personal y el bienestar emocional.

Diana Salgado se destaca por su capacidad para comprender y conectar profundamente con las necesidades emocionales de cada pareja. Su enfoque se basa en un genuino interés por el bienestar emocional de sus clientes. Diana guía a las parejas a una relación más saludable y satisfactoria, brindándoles herramientas y apoyo para fortalecer su unión.

Originaria Colombia, Diana ahora reside en Houston, Texas, junto a su esposo. Es madre de tres hijos y le encanta disfrutar de momentos en familia. En sus tiempos libres enriquece su conocimiento a través de la lectura de diversas obras y le apasiona escribir poesía. Visita su sitio web en:

www.SoyDianaSalgado.com

# ¡Felicidades por llegar hasta aquí!

Querida lectora,

Este libro fue escrito con todo mi cariño pensando en ti.

Ahora te invito a visitar mi página en Amazon, donde muy seguido reviso y valoro cada uno de los comentarios.

Comparte por favor tu opinión sincera sobre esta obra. Tu comentario ayudará a otras mujeres a elegir cómo invertir su tiempo y recursos.

**Te pido dos cosas:**

1. **Cuéntanos cómo te impactó este libro.**
2. **Haz que tu comentario sea práctico y útil para otros lectores.**

Si disfrutaste ¿Matrimonio o Divorcio? y deseas compartir

tus impresiones, déjame tu comentario y calificación en la página de Amazon.

Solo búscalo por mi nombre o el título del libro.

Te espero.

¡Gracias!

DIANA

TERAPIA DE PAREJA
Ayudo a parejas en crisis a reconstruir su amor y confianza mutua
SERVICIOS
Comunicación Efectiva
Resolución de Conflictos
Reconexión Emocional
Recuperación de la Confianza
Planificación del Futuro
Diana Salgado
+1 (619) 554-7601
info@SoyDianaSalgado.com
www.SoyDianaSalgado.com

www.ingramcontent.com/pod-product-compliance
Lightning Source LLC
Chambersburg PA
CBHW032056080426
42733CB00006B/293